www.tredition.de

Evelyn Haferkorn-Müller ist seit über 30 Jahren am Buddhismus interessiert und hat am Tibetischen Zentrum e.V., das der Schirmherrschaft S.H. Dalai Lama untersteht, das 7-jährige Studium des Buddhismus absolviert. Derzeit nimmt sie seit Jahren an zwei weiteren Fernstudien teil. Mehrere hundert Vorträge von großen buddhistischen Meistern hat sie besucht und auch selbst des Öfteren Vorträge oder Kurse zur buddhistischen Lehre gehalten, so auch in der Justizvollzugsanstalt (JVA) in Berlin-Tegel. Aufgrund des Wunsches der Gefangenen, Kopien der Ausarbeitung der Vorträge zu erhalten, entstand das vorliegende Buch. Seit über 10 Jahren betreut Evelyn Haferkorn-Müller ehrenamtlich Gefangene. Sie folgt dem nicht-sektiererischen Ansatz (Rime) innerhalb des Tibetischen Buddhismus und unterstützt den interreligiösen Dialog, da sie (auch) Christin ist. Ihr Interesse an Wissenschaft und Reisen bringt zusätzliche Denkanstöße und Erfahrungen.

Mögen alle Lebewesen Glück und die Ursachen von Glück besitzen.

Mögen alle Lebewesen frei von Leiden und den Ursachen von Leiden sein.

Mögen alle Lebewesen niemals getrennt sein von dem Glück, das frei von Leiden ist.

Mögen alle Lebewesen in Gleichmut verweilen, frei von Anhaftung an Nahestehende und Abneigung gegenüber Fernstehenden.

Evelyn Haferkorn-Müller

Gefangene sind wir alle -

mit dem Buddha zum Notausgang

www.tredition.de

© 2018 Evelyn Haferkorn-Müller
Lektorat, Korrektorat: Manfred Müller
Verlag & Druck: tredition GmbH, Hamburg

ISBN
Paperback: 978-3-7469-9259-4
Hardcover: 978-3-7469-9260-0
e-Book: 978-3-7469-9261-7

Das Werk, einschließlich seiner Teile, ist urheberrechtlich geschützt. Jede Verwertung ist ohne Zustimmung des Verlages und des Autors unzulässig. Dies gilt insbesondere für die elektronische oder sonstige Vervielfältigung, Übersetzung, Verbreitung und öffentliche Zugänglichmachung.

Vorwort 7
01 Wo soll die Reise denn hingehen? 13
02 Luxus, Askese & Milchreis: das Leben des Buddha . 23
03 Begeben Sie sich zum Notausgang! 47
04 Geschafft – ich lebe als Mensch! 57
05 Wie praktisch: ich atme! 75
06 Ende gut, alles gut – oder was passiert mit mir, wenn ich tot bin? 81
07 Die Höllen in meinem Geist 93
08 Luxus pur – die Alternative oder doch eine Sackgasse? 107
09 Mücke oder Opa? – Die Grundregeln des Karma ... 117
10 Buddhistische Praxis: Philosophie oder Religion? .. 137
11 Excel® und Illusionen – die Trickkiste unseres Geistes 153
12 In welche Falle bin ich da getappt? – Die 12 Glieder Abhängigen Entstehens 161
13 Buddha & wir: gibt es eine Verbindung? Die Vorteile der Buddhanatur 173
14 Wie wichtig bin ich eigentlich? Mein geliebtes Ego und die Anderen 179
15 Die beste Medizin: liebevolle Zuneigung 191
16 Geduld! Geduld! – eine der Übungen der Bodhisattvas 203

17 Konzentration und Weisheit 219

18 Tantra: Sexratgeber oder Dharma auf der Überholspur? 235

19 Der liebevolle Zorn – die vielen Gesichter des Buddha 245

20 Ausblick: Frieden 253

Anhang 257

Weiterführende Literatur 259

Glossar 263

Bonus: mein Lieblingstext 282

Vorwort

Entstanden ist dieses Buch aus einer Reihe von Vorträgen zum Thema Buddhismus in einer Haftanstalt. Die Gefangenen haben mich gebeten, ihnen Kopien meiner Ausarbeitungen mitzubringen. So brachte mich das auf die Idee, dass vielleicht auch andere Menschen Freude daran haben könnten, in einfachen, modernen Worten etwas über den Buddhismus zu erfahren.

Auf den Buddha treffen wir heutzutage überall: in Gartencentern, Einrichtungshäusern, Drogeriemärkten und vielen Schaufenstern, kurz überall dort, wo eine friedliche, harmonische Atmosphäre zum Ausdruck gebracht werden soll. Dieses Buch gibt einen kleinen Eindruck, wie man durch die Lehre des Buddha zum Frieden finden kann.

Uns, die wir uns frei bewegen können und nicht gerade unsere Zeit im Gefängnis verbringen müssen, unterscheidet nicht sehr viel von den Gefangenen: uns alle hält unser vermeintliches Ego gefangen. Die Gefängnismauern sind in unserem Geist - und nicht nur jene mit Stacheldraht versehen in der äußeren Welt.

Wie wir es schaffen können, uns aus dem Gefängnis unserer Verblendungen und Leidenschaften zu befreien, hat Buddha Shakyamuni vor 2500 Jahren (also ca. 500 v.Chr.) gelehrt. Leider kann ich Ihnen kein genaueres Datum angeben, da die Historiker verschiedene Möglichkeiten bieten. Aber das ist für unser Anliegen nicht sehr entscheidend. Obwohl dies schon sehr lange her ist, ist der Weg noch immer aktuell nutzbar. Im Laufe der Jahrtausende sind die Überlieferungen ohne Unterbrechungen von Lehrern an Schüler weitergegeben worden und so gibt es auch heute noch authentische Unterweisungen. Aus der Vielzahl der verschiedenen Ausrichtungen des Buddhismus beruhen meine Vorträge auf den Unterweisungen großer Meister und Texte des tibetischen Buddhismus.

Vor 30 Jahren hatte ich das Glück, nach Tibet reisen zu können. Die Eindrücke hinterließen in mir den Wunsch, mehr über Land und Religion zu erfahren und so absolvierte ich das 7-jährige Studium am Tibetischen Zentrum e.V. in Hamburg, das unter der Schirmherrschaft Seiner Heiligkeit XIV. Dalai Lama steht. Auf der Grundlage dieses Studiums und mehreren Hundert weiterer Belehrungen großer Meister habe ich diese Vortragsreihe zusammengestellt. Einteilungen, Geschichtchen und Zitate stammen aus dem Studium oder aus einer Belehrung, andere Quellen werde ich im Text oder im Glossar benennen.

Am Ende des Buches finden Sie ein einfach gehaltenes Glossar, außerdem meine Empfehlungen für weiterführende Literatur und Adressen von tibetisch-buddhistischen Zentren, die Fernstudiengänge anbieten (alles ohne Anspruch auf Vollständigkeit).

In der Gelugpa-Tradition, deren Oberhaupt S.H. Dalai Lama ist, gibt es seit Jahrhunderten einen „Stufenweg zur Erleuchtung" (tib. Lam Rim), der zusammengefasst und logisch aufgebaut alle Werkzeuge beinhaltet, die man auf dem Weg zur Buddhaschaft braucht. Diesen weit gespannten Bogen habe ich der Themenauswahl zugrunde gelegt.

Buddha lehrte, dass man ihm nicht einfach glauben, sondern seine Worte überprüfen sollte. Seit Jahrhunderten und noch immer werden seine Worte und die der Kommentare heftig debattiert, aber auch jeder einzelne von uns ist aufgefordert, die gelehrten Sachverhalte zu hinterfragen. Auch das, was ich darstelle, ist so, wie mein Geist es verstanden hat und da auch ich nur auf dem Weg, aber noch nicht angekommen bin, bitte ich Sie, dadurch entstandene Fehler zu entschuldigen.

Viele Erkenntnisse der modernen Physik, besonders der Quantenphysik, aber auch der Hirnforschung, Neurowissenschaft und der Psychologie bestätigen das, was der Buddha vor 2500 Jahren gelehrt hat. So war es für mich persönlich besonders einfach, mich auf den Buddhismus einzulassen: für mich ist die buddhistische Philosophie angewandte Physik.

Einfach glauben muss man im Buddhismus nichts – aber alles muss man selbst tun. Kein Buddha kann uns die Arbeit mit unserem Geist abnehmen, unsere Verfehlungen wegwaschen oder uns die Erleuchtung schenken. Er hat uns den Weg gezeigt, und es liegt an uns, ob wir ihn gehen wollen.

Zusammengefasst lautet die Lehre des Buddha:

Vermeide Negatives, tue Gutes und zähme Deinen Geist.

Leider ist dies einfacher gesagt als getan, sonst wären wir alle schon Buddhas. Da alles Glück und alles Leid in unserem eigenen Geist entstehen, ist es eine größere Aufgabe, seinen Geist zu zähmen.

Alle diejenigen, die gern verreisen, die gern Zusammenhänge verstehen, die neugierig sind zu wissen, wer sie eigentlich sind, was in ihrem Geist vor sich geht oder die einfach nur mal in das Thema Buddhismus hineinschnuppern möchten, sind herzlich willkommen, sich dem Thema zu nähern und zu verstehen, worin unsere Gefangenschaft besteht und wie wir uns daraus befreien können.

Eine längere Reise liegt vor uns. Bei unseren 14-tägigen Gruppentreffen im Gefängnis hatten wir sehr viel Spaß. So wünsche ich allen, die diese Zusammenstellung der aufeinander aufbauenden Vorträge zur Hand nehmen, viel Freude auf der Reise zur Befreiung!

Mein Dank gilt den Gefangenen für Ihr Interesse und die Möglichkeit, die sie mir gaben, dort Vorträge halten zu dürfen. Ebenso danke ich von Herzen meinem Mann für seine Unterstützung und den Freiraum, den er mir für diese Projekte gibt.

Ein besonderer Dank gilt dem Tibetischen Zentrum e.V. in Hamburg, das auch aktuell die Gefangenen mit dem Systematischen Studium des Buddhismus (als Fernstudium) unterstützt, sowie vielen großen Meistern aller tibetischen Traditionen, aber in besonderem Maße Khen Rinpoche Geshe Pema Samten, für viele Belehrungen und ganz viel Geduld und Unterstützung auf dem Weg.

01 Wo soll die Reise denn hingehen?

Wenn wir eine Reise planen, dann versprechen wir uns etwas Schönes davon und empfinden schon bei der Planung eine gewisse Vorfreude. Zunächst müssen wir uns überlegen, wo wir hin möchten und die Berufstätigen müssen dann sicherlich auch noch überlegen, wie sie die Reise in den wenigen Urlaubstagen unterbringen können. Auch die Finanzfrage ist nicht unerheblich und so überlegen wir, welches Ziel wir mit welchem Aufwand erreichen können.

Warum möchten wir verreisen?
Vielleicht geht uns unser Alltag buchstäblich auf den Geist mit all seinen Verpflichtungen und Gewohnheitsmustern und wir möchten dem einfach entfliehen. Vielleicht ist es nur Lust, etwas Neues kennenzulernen.
Bestimmt haben wir alle mehrere Ziele im Kopf, wenn wir gefragt werden, wohin wir denn am liebsten fahren möchten. Wie durch die Hintertür kommt die Überlegung hinzu, wovon wir auch langfristig etwas haben.
Wir alle möchten viel Glück und kein Leid. Und das alles am liebsten schon heute und mit einer nur geringen Investition.

Es gibt wunderschöne Reiseziele, aber oft müssen wir feststellen, dass das Glück nicht in der Hotelanlage x im Ort y zu finden ist, sondern dass unser Geist einen wesentlichen Anteil daran hat, ob wir dort entspannt und glücklich sind oder nicht. Wenn also die örtliche Veränderung selbst im allerbesten Fall nicht für ein beständiges, langfristiges Glück sorgen kann, müssen wir uns mit dem dafür verantwortlichen Geist auseinandersetzen.

Also, was wollen wir?
Schnellstmögliches verlässliches Glück ohne Leid. Schnellstmöglich funktioniert aber nur, wenn der Weg bekannt ist und wir nicht durch die Gegend irren müssen. Das kostet unnötig viel Zeit und Geld. Natürlich gibt es auch das Sprichwort: „Der Weg ist das Ziel". Allerdings ist es auch schön, am Urlaubsort anzukommen. Der Weg kann eine Bereicherung sein, das Ziel aber nicht ersetzen. Gibt es also einen Weg, der ohne Umschweife zum Ziel führt und ein Navi, das uns von möglichen Sackgassen fernhält? Zweimal Ja!

Was muss ich dafür tun?

Mir meinen Geist ansehen. Das ist eine super Ansage, wenn ich nicht weiß, was ich mit meinem Geist machen muss ... Buddha Shakyamuni hat für uns für diesen Fall einen Werkzeugkoffer mit Gebrauchsanleitung zusammengestellt und zur Unterstützung Mitreisende auf den Plan gerufen. Bevor Sie denken, dass ich in Rätseln spreche, hier die Auflösung:

Stellen Sie sich einfach vor: Sie sitzen am Lenkrad Ihres Autos, zur Hilfe haben Sie den Buddha in Form eines ausgebildeten Lehrers als Navi dabei, als Werkzeug die buddhistische Lehre („Dharma") und die Mitreisenden sind diejenigen, die sich wie wir auch auf den Weg gemacht haben (die Geistige Gemeinschaft, auf Sanskrit „Sangha" genannt). Diese können uns helfen, wenn unser Auto auf dem Weg schlapp macht und es z.B. angeschoben werden muss.

Jetzt habe ich also der Einfachheit halber ein Auto als Transportmittel gewählt. Selbstverständlich haben Sie freie Auswahl: Wenn Sie lieber ein Fahrrad wählen oder Bahn oder ein Flugzeug, ist es völlig ok. Das Tempo bestimmen allein Sie. Nur losfahren oder losgehen sollten Sie. Laotse sagte: „Auch der längste Marsch beginnt mit dem ersten Schritt." Wichtig ist, dass Sie dabei Freude empfinden, sich auf den Weg zu machen.

Schön, jetzt haben wir schon mal gute Voraussetzungen für die Reise, aber wohin wollen wir eigentlich und wie sieht der Weg dahin aus?

Das Ziel ist ein entspannter, freudiger Zustand ohne Leid. In der buddhistischen Lehre bewegt man sich vom Leiden zum Glück hin. Zugegeben, ohne die Beschäftigung mit dem Buddhismus hätte ich nicht gewusst, dass es einen solchen Zustand geben kann. Für die Skeptiker: geht man ein Risiko ein, wenn man den Weg geht und einem Zweifel kommen? Nein, man kommt nur vorerst nicht oder später an. Für den bereits gefahrenen Weg gibt es keinen Nachteil. Wenn man den Zweifel überwindet, kann es auch schneller vorangehen.

Was für ein Weg erwartet uns?

Zunächst werden wir uns freuen, dass wir uns als Menschen überhaupt bewusst für eine Reise entscheiden können. Wir werden feststellen, dass wir egal, ob mit einem Kleinwagen auf der Schotterpiste oder mit einem Luxusauto auf gut ausgebauter Straße, immer mal auf einen Abgrund zurasen oder ein Hindernis vor uns auftauchen kann. Also werden wir versuchen, uns solche Erlebnisse zu ersparen, und mit zunehmender Erfahrung wird unser Geist sicher auf der Straße fahren.

Wir werden in unserem Geist erkennen, warum wir leiden und wie wir ihn entspannen und zum Glück ausrichten können. Wichtig ist, dass wir Freude an dem Weg haben, Ruhepausen und schöne Ausblicke genießen, uns darüber freuen, dass wir uns auf den Weg gemacht haben. Und wir müssen uns keinen Stress machen. Wenn das nicht auf Anhieb alles gleich perfekt ist oder wir länger für den Aufstieg oder die Ruhepause brauchen, ist das alles kein Drama. Außer uns selbst kann uns niemand Vorwürfe machen, und dies können wir uns ja nun wirklich ersparen.

Andere wollen auch nur Glück und kein Leid und so werden wir verstehen, wie wir zum Frieden beitragen und anderen Gutes tun können. Das alles nur, weil wir lernen, unseren Geist zu beherrschen und uns nicht mehr von seinen Verblendungen beherrschen lassen. Damit hat unsere Gefangenschaft ein Ende.

Jetzt haben wir angefangen, von unserem Reiseziel zu träumen, aber was ist eigentlich unser Ausgangspunkt?
Um erkennen zu können, was unser Geist für Tricks und Spielchen drauf hat, lohnt sich der Blick auf unseren Alltag. Zwar wird jeder von uns seine persönliche Lebenssituation haben, aber ein paar Punkte haben wir alle gemeinsam:

- Wir bekommen nicht immer, was wir haben wollen
- Wir müssen mit Menschen und/oder Situationen klar kommen, die wir nicht haben wollen
- Es gibt keine Sicherheit (die einzige Sicherheit ist die, dass sich alles verändert)
- Wir wissen nicht einmal, ob wir nicht morgen tot sind

Und noch etwas verbindet uns alle: unser Geist ist fast die ganze Zeit mit den **„acht weltlichen Dharmas"** beschäftigt:

Lob und Tadel: wir fühlen uns toll und wichtig, wenn wir gelobt werden und schlecht oder ungerecht behandelt, wenn wir getadelt werden

Gewinn und Verlust: es gibt Vieles, das wir gern haben möchten und fürchten den Verlust unserer Partner, unserer Finanzmittel oder der gesellschaftlichen Position

Freud und Leid: Gesundheit und Wohlstand verstärken unser Glücksempfinden

Ruhm und Schande: über Ruhm freut sich unser Ego, wenn etwas nicht so gut gelingt, geben wir das nur ungern zu

Ständig sind wir bemüht, Lob, Gewinn, Freude und Ruhm zu erlangen und Tadel, Verlust, Leid und Schande nicht erleben zu müssen. Jeder dieser 8 Punkte kann sich augenblicklich ins Gegenteil verkehren. Das ist positiv (das Leiden hat ein Ende oder es kann auch besser werden) oder negativ (z.B. meine schöne Position entschwindet plötzlich), aber auf jeden Fall sind diese Situationen vergänglich und so sehr wir uns auch bemühen, wir können uns darauf nicht verlassen. Und doch lassen wir uns von ihnen beherrschen und widmen ihnen Zeit und Energie.

Warum machen wir das? Um unser Ego zufriedenzustellen und um uns von anderen abzugrenzen. Wofür brauchen wir unser Ego? – Diesen spannenden Punkt klären wir an einer späteren Stelle. Wie Sie merken, beginnt die Reise erst....

Zusammengefasst:
Wir befinden uns in A. Natürlich denkt jetzt jeder von Ihnen an seinen Heimatort, aber es ist der augenblickliche Zustand

unseres Geistes. Wir müssen uns jetzt als Erstes überlegen, wo wir uns wirklich befinden.

Es gibt ein großes Vorurteil, dass sich Buddhisten nur mit Leid beschäftigen. Aber das ist nun mal unsere Ausgangssituation. Der werden wir ins Auge sehen müssen. Haben Sie keine Angst, ich werde das Thema nicht überstrapazieren, aber wir können es weder schönreden noch weglassen. Sonst verstehen wir nicht, warum wir Gefangene sind (alle – bis auf die Buddhas!) und wie wir da rauskommen. Wahrscheinlich haben die meisten, die zu diesem Vorurteil beigetragen haben, den Rückweg angetreten, so dass sie nie erfahren haben, dass Buddhismus sehr viel mehr mit Freude und Glück zu tun hat als mit Leid. Auf jeder Reise freut man sich ja auch auf das Ziel. Und langfristiges, zuverlässiges Glück ist unser Ziel (Zielort/Zustand B). Dahin richtet man sich aus.

Welchen Proviant brauchen wir auf dem Weg?

In der buddhistischen Lehre spricht man von 3 Arten, auf dem Weg voranzukommen:

Hören, Nachdenken und Meditieren.

Schon beim Hören (bzw. lesen) gibt es drei Fallen – die „**3 Fehler eines Gefäßes**", die man vermeiden sollte:
1. Das Gefäß ist umgedreht: man kann nichts reinfüllen (Wein, Wissen, Segen)
2. Das Gefäß ist verschmutzt: der Inhalt schmeckt nicht (man hat etwas nicht korrekt verstanden)
3. Das Gefäß hat ein Loch: das Wasser fließt raus (gemeint ist hier Vergesslichkeit)

Buddha lehrte in einem Sutra (Lehrrede) das Gegenmittel: „Höre gut zu, auf die beste Weise, bewahre es im Geist"
Das „bzw. lesen" stammt von mir. Als Buddha lehrte, wurden seine Belehrungen nicht gleich aufgeschrieben. Damals wurde alles mündlich vom Lehrer an die Schüler weitergegeben. Heutzutage läuft das ja etwas anders. Auch bei Vergesslichkeit haben wir es heute einfacher: ein Blick ins Internet hilft oft weiter ...
Richtig weiter kommen wir erst, wenn wir über das Gehörte auch nachdenken und darüber meditieren (wie man das macht, erfahren wir später).
Wenn Sie jetzt Lust haben, machen wir uns gemeinsam auf die Reise. Dazu begeben wir uns in eine Zeit um ca. 500 v.Chr.

nach Indien und ich schildere Ihnen zunächst, wie Buddha die Erleuchtung erlangt hat.

02 Luxus, Askese & Milchreis: das Leben des Buddha

Begeben wir uns also nach Indien und schauen uns zunächst an, wo der Buddha gelebt hat.

Vieles ist historisch nicht ganz eindeutig und lässt unterschiedliche Interpretationen zu, aber über eines ist man jedoch einig: Es gibt vier wichtige Orte im Leben des Buddha. Sein Schüler Ananda hat bereits deren Bedeutung hervorgehoben und empfohlen, sie zu bereisen.

1. Die Geburt des Buddha in Lumbini (heute Nepal)
2. Erleuchtung in Bodhgaya
3. Das erste Drehen des Rades der Lehre in Sarnath
4. Der letzte Atemzug in Kushinagar

Schon mit der Geburt sind wir im ersten Dilemma: das Geburtsjahr wurde von verschiedenen Historikern unterschiedlich errechnet: häufig genannt werden 568, 563, 536, 558 vor Chr. Auf jeden Fall jedoch im Monat Vaishakha (April/Mai) wird Prinz Siddharta als Sohn des Königs Shuddhodana und seiner ersten Frau Maya geboren. Er stammte aus der Familie der Gotama, daher der „Nachname" Gotama/Gautama. Erst als er die Erleuchtung erreicht hatte, nannte man ihn auch Buddha (der Erleuchtete) Shakyamuni, d.h. der Muni = Asket/Weiser aus dem Geschlecht der Shakya. Die Shakyas waren ein Adelsgeschlecht, deren Königreich (heute im südlichen Nepal) mit der Hauptstadt Kapilavastu von dem Königreich Kosala zunächst abhängig war und noch zu Lebzeiten des Buddha von Kosala vernichtet wurde.

Und schon haben wir das zweite Dilemma: Gesichert durch Aussagen im Pali-Kanon ist lediglich nur, dass Prinz Siddharta in einer reichen, aristokratischen Familie in der Kriegerkaste geboren wurde. Dass es sich bei Suddhodana um einen König und bei ihm somit um einen Prinzen gehandelt hat, ist nicht ganz gesichert.

Es heißt, dass Königin Maya sich einer strengen Askese unterworfen hätte und nach 32 Monaten der Ehe noch immer Jungfrau gewesen sei. Im Traum war ihr ein weißer Elefant erschienen, der sie an einer Hüfte verletzte. Zehn Monate später trat Prinz Siddharta (der spätere Buddha) aus ihrer Hüfte heraus, während sie sich stehend an den Ästen eines Salbaumes festhielt. Dieser Baum stand in einem Hain von Lumbini (heute in Nepal). Man sagt, Prinz Siddharta habe nach der Geburt sieben Schritte getan und in seinen Fußabdrücken seien Lotusblumen erblüht.

Seine Mutter Maya stirbt sieben Tage nach der Geburt. Prinz Siddharta wird von der Zweitfrau und Schwester der verstorbenen Königin Mahaprajapati aufgezogen.

Der König bringt ihn zum weisen Asita, der voraussagt, der Prinz werde entweder ein mächtiger Herrscher oder ein Asket. Natürlich hatte der König kein Interesse daran, dass sich der Prinz von der Thronfolge zurückziehen würde. Aus diesem Grund ließ er hohe Mauern um den Palast bauen und den Prinz in einem beschützten Umfeld verwöhnen. Der König schenkte ihm drei Paläste und vier Gärten, wo er eine unbeschwerte Zeit verbrachte.

Er heiratete Gopa Yashodhara, nachdem er deren andere Brautbewerber im Bogenschießen übertroffen hatte. Als er 29 Jahre alt war, wurde ihm sein Sohn Rahula geboren.

Als er wieder einmal zwischen den Palästen mit seinem getreuen Untertanen Channa und auf dem Pferd Kanthaka unterwegs war, begegnet ihm ein Greis. Channa erklärt ihm, dass alle unter dem Alter leiden. Beim nächsten Ausflug sah er am Wegesrand einen Pestkranken, der vor Schmerzen schrie. So erfuhr er vom Leiden der Krankheit. Beim dritten Ausritt sah er einen Trauerzug, und Channa erklärte ihm, dass wir alle sterben müssen. Bei einer vierten Begegnung sah er einen Asketen.

Prinz Siddharta erkennt all das eitle irdische Treiben und die Gefangenheit im Leiden und beschließt, dem Palastleben und damit dem Luxus zu entsagen. Eines Nachts fielen alle im Palast in einen Tiefschlaf und er konnte fliehen. Channa und sein Pferd Kanthaka begleiteten ihn bis zum Waldesrand. Dort stieg er ab, legte die königlichen Gewänder ab und schickte Channa mit dem Pferd zurück.

Sieben Jahre zog er als Wanderasket umher. Dabei traf er auf verschiedene Lehren, die er allesamt ablehnte. In den Wald bei Gaya, in der Nähe eines Flussufers, zog er sich zurück. Dort traf er auf fünf Asketen, denen er sich anschloss. Siddharta kasteite sich extrem mit der Askese, oft aß er am Tag nur ein Reiskorn- und das über Jahre.

In dieser Gegend lebte eine Frau, genannt Sujata. Sie war die Tochter eines Bauherrn und brachte jeden Tag einem Baumgeist eine Schale Milchreis dar. Eines Tages begegnete sie Siddharta und - erschrocken über die ausgemergelte Gestalt - brachte sie ihm die Milchreisschale dar. Siddharta, der bereits gemerkt hatte, dass durch die Askese sein Geist nicht mehr stabil sondern geschwächt war, nahm die Schale Milchreis an. An diesem Tag war er 35 Jahre alt geworden und fasste den Entschluss, künftig Extreme zu vermeiden (die Vermeidung von Extremen wird später zu einem Grundprinzip, bekannt als „der Mittlere Weg"). Nach der Stärkung badete er im Fluss und wickelte sich in ein Schweißtuch, das ihm eine Sterbende entsprechend einer Yogatradition geschenkt hatte.

Als die fünf Asketen merkten, dass Siddharta seine Askese aufgab, verließen sie ihn empört und machten sich auf den Weg nach Varanasi.

Siddharta selbst machte sich auf den Weg zum Ort Gaya. Unterwegs traf er einen Brahmanen, der für eine Opfergabe Kräuter und Kusha-Gras sammelte. Es soll der Hindugott Brahma in menschlicher Gestalt gewesen sein. Siddharta ließ sich acht Bündel von Kusha-Gras geben, aus denen er sich ein Lager unter einem Pipalbaum (Pappelfeige, ficus religiosa) bereitete. Bodhi- oder Buddhabaum heißt diese Baumart erst, seit Buddha die Erleuchtung unter einem solchen Baum erlangt hat. Kusha-Gras soll einen guten Einfluss auf die Meditation haben – wie selbst Krishna, eine hinduistische Gottheit, bereits empfahl.

Erleuchtung

Siddharta saß in tiefer Meditation unter der Pappelfeige. Mara, ein Dämon, oft gleichbedeutend betrachtet mit Yama, dem Herr des Todes, der uns im leidvollen Daseinskreislauf (aus Tod und Wiedergeburt) aufgrund von Illusionen gefangen hält, stellte Siddharta auf die Probe. Mara schickte zunächst die zornigen Dämonen (symbolisieren Wut, Aggression), dann seine liebreizenden Töchter (stehen für Begierde, Wollust, Unruhe). Siddharta verweilte unbeeindruckt in der Mediation, erkannte die Illusion und damit die endgültige Wahrheit und erlangte die Erleuchtung. Durch die Erleuchtung wurde Siddharta zum Buddha (der Erwachte, der Erleuchtete). Zu der spirituellen Dimension werde ich mich an einem anderen Abend äußern.

Soweit die Geschichte. An dieser Stelle möchte ich etwas zu den Orten im Leben des Buddha sagen, die für die buddhistische Lehre wichtig sind:

Bodhgaya

Der Name „Bodhgaya" ist entstanden aus „Buddha Gaya" im Gegensatz zum Ort Gaya der Hindus. Bodhgaya ist für Buddhisten ein heiliger Ort.

Im 3. Jh. v. Chr. ließ Kaiser Ashoka am Ort der Erleuchtung des Buddha einen Stupa/einen Tempel (die Angaben sind unterschiedlich) errichten.

Im 6. Jh. n. Chr., zur Zeit des Gupta-Reiches, wurden Tempel errichtet, die heute zum Mahabodhi-Tempelbereich gezählt werden.

In Bodhgaya haben viele buddhistische Länder Tempel errichtet, so kann man u.a. Tempel der Tibeter, Japaner, Chinesen, Thai und Singhalesen besichtigen. Der heiligste und wichtigste Tempel bleibt der Mahabodhi-Tempel, auf den ich kurz eingehen möchte.

Als Anagarika Dharmapala aus Sri Lanka 1891 das erste Mal Bodhgaya besuchte, war er erschüttert über den Zustand des Mahabodhi-Tempels und der Anlage. Sofort startete er eine Fundraising Aktion für die Mahabodhi Society, um die Anlage wiederaufzubauen. 1949 wurde ein Gesetz erlassen, dass ein Komitee für den Mahabodhi Tempel einsetzte: 4 Buddhisten,

4 Hindus und einen Vorsitzenden. 2002 wurde der Mahabodhi Tempel zum UNESCO Weltkulturerbe erklärt.

Kommen wir zur Mahabodhi Tempelanlage selbst:

Gleich hinter dem Eingang befindet sich eine Steinskulptur mit Fußabdrücken des Buddha. Man sagt, dass sie als Skulptur zur Verehrung des Buddha geschaffen wurden. Besonders in Südindien und Sri Lanka wurden traditionell eher Symbole für den Buddha wie Fußabdrücke verehrt als Bildnisse. Die Darstellung der Buddhas und Bodhisattvas, wie sie uns vertraut ist, stammt erst aus der Zeit der Gandhara Kultur ab dem 4. Jh. v. Chr., geprägt durch die hellenistische Kultur Alexanders des Großen. Mit der personifizierten Darstellung des Buddha und der Bodhisattvas prägte sie das Bild des Mahayana-Buddhismus (Mahayana = Großes Fahrzeug = Weg der Bodhisattvas. Ein Bodhisattva zu sein bedeutet, dass man die Erleuchtung zum Wohl aller Wesen erreichen möchte).

Zusätzlich zum Haupttempel gibt es viele kleine Seitentempel. Im Haupttempel befindet sich die Hauptstatue von Buddha Shakyamuni in der Erdberührungsmudra (die rechte Hand reicht auf den Boden, die Erde bezeugt, dass er die Erleuchtung erlangt hat). Hier werden nach einem festgelegten Zeitplan von allen Traditionen Rezitationen und Gebete abgehalten, zwischendurch gibt es dann Zeiten, in denen man als Besucher Opfergaben darbringen kann.

Um die Tempelanlage gibt es drei Umwandlungswege: einen inneren, mittleren und äußeren. Dazwischen ist viel Platz für die Pilger, um Niederwerfungen oder Rezitationen zu machen. Die Anlage ist für jedermann zugänglich. Der innere Umwandlungsweg führt am Bodhibaum, unter dem Buddha Shakyamuni der Erleuchtung fand, vorbei. Der Thron, der errichtet wurde, um zu zeigen, an welcher Stelle Buddha Shakyamuni die Erleuchtung fand, ist eingezäunt. An dieser Stelle hatte Kaiser Ashoka damals einen Stupa errichtet.

Beeindruckend ist der Frieden in dieser Anlage. Nicht nur Buddhisten aus aller Welt kommen dorthin, um zu beten, Niederwerfungen und Praxis zu machen, auch Hindus, Muslime und Christen drehen ihre Runden um den Mahabodhi Haupttempel.

Was passierte nach der Erleuchtung?

Sieben Tage verharrte der Buddha nach seiner Erleuchtung in der tiefen Meditation unter dem Bodhibaum.

Erst drei Wochen nach seiner Erleuchtung begab er sich zu einem Platz, von dem aus er den Bodhi-Baum sehen konnte: Heute ist an dieser Stelle der Tara Tempel (jetzt innerhalb der Mahabodhi-Tempelanlage).

Erst dann macht er sich auf den Weg nach Sarnath. Es heißt, dass Vishnu und Indra (hinduistische Gottheiten), an anderer Stelle dass die Dhyanibuddhas (Verkörperung von fünf Weisheitsaspekten), die auf weltlicher Ebene als die fünf Asketen erscheinen, ihn bitten, Belehrungen zu geben. Diese fünf Asketen sind die gleichen, die sich entrüstet von ihm abgewandt haben, als er die Askese aufgab. Jetzt erkannten sie, dass es nicht mehr der Siddharta war, den sie kannten, sondern, dass er tiefgreifende Erkenntnisse gemacht haben musste. Seine positive Veränderung (durch die Erleuchtung) muss die Asketen dazu bewegt haben, erfahren zu wollen, durch welche Erkenntnisse er so verändert wurde. Sie trafen und fragten den Buddha am 33.Tag nach der Erleuchtung in Sarnath.

Sarnath

In der ersten Vollmondnacht des Monats Juli schweigt er, in der zweiten erzählt er seine Erfahrungen aus der Vergangenheit und erst in der dritten. Vollmondnacht im Juli hält er seine ersten Belehrungen im Gazellenhain von Sarnath und setzt damit das Rad der Lehre in Gang. In der dritten. Nacht nach Vollmond im Juli (oder anders ausgedrückt am 4. Tag des 6. Tibetischen Monats des Mondkalenders) feiern die Buddhisten „Chökor Düchen", den Tag, an dem Buddha Shakyamuni das Rad der Lehre in Gang setzte – 35 Tage nachdem er die Erleuchtung erreicht hatte.

Den fünf Asketen verkündet er
- die Edlen 4 Wahrheiten:
- den Edlen 8-fachen Pfad
- das Gesetz von Ursache und Wirkung (Karma)
- und das Abhängige Entstehen in 12 Gliedern

Somit verkündet er, wie man selbst die Arhatschaft (also den Zustand eines Feindzerstörers, der – zum eigenen Wohl – die

Leidenschaften im eigenen Geist überwunden hat) erreicht. Es entspricht dem kleinen Fahrzeug (Hinayana).

Zu den Belehrungen und den Konsequenzen für uns kommen wir bei anderer Gelegenheit. Nächstes Mal geht es um die Vier Edlen Wahrheiten.

Kommen wir zum Ort selbst:

Sarnath war schon vor Buddha ein bekannter Ort und hieß auf Sanskrit: Rishipattan: ein Ort, an dem die Weisen (Rishis) auf den Boden fielen (pattan), da sie ihre Körper durch Askese ausgemergelt hatten.

König Ashoka erbaute hier, an dem Ort, an dem Buddha seine erste Lehrrede an die fünf Asketen hielt den Dhammeka Stupa und den Dhammarajika Stupa (der Reliquien des Buddha enthielt) und eine Säule.

In der Anlage, die alle drei Bauwerke sowie Klosterruinen umfasst, treffen sich Buddhisten aus aller Welt, um an diesem heiligen Ort Zeremonien abzuhalten. Meist sitzen sie zu Füßen des Dhammeka Stupa.

Der Dhammarajika-Stupa wurde als Steinbruch verwendet. Dewan Jagat Singh grub 1794 unter dem Stupa und stieß auf ein Steinkästchen. Er hielt es nicht für wertvoll, und da er in seiner Gier enttäuscht war, warf er es in den Fluss – schade, denn es waren die Reliquien des Buddha…

Sarnath hatte seine Blütezeit zur Zeit der Gupta-Könige (280-550 n.Chr.) und wurde zerstört von den konservativen Brahmanen-Königen Pusyamitra Sunga und Sesanga, die den Ableger des Bodhibaums verbrannten, die Klöster zerstörten und die Ermordung aller Buddhisten veranlassten.

Nach der Zerstörung geriet Sarnath rund 700 Jahre in Vergessenheit. Schweine liefen über die alten Tempelreste.

Erst der uns schon bekannte Anagarika Dharmapala besuchte 1891 Sarnath und beschloss, die heiligen Plätze wiederherzustellen. In Anaradhapura auf Sri Lanka, gab es auch einen Bodhibaum, jenen hatte Ashokas Tochter Sanghamitra nach Sri Lanka gebracht. Von diesem Baum holte Anagarika Dharmapala einen Ast und pflanzte ihn neu.

Anagarika Dharmapala erbaute auch einen neuen Tempel „Mulgandhakuti Vihara". Dieser beherbergt Buddhareliquien, die 1x jährlich gezeigt werden. Diese Reliquien stammen aus Taxila (heute Pakistan) und wurden 1931 hierher gebracht.

Rajgir

Im darauffolgenden Januar brach der Buddha mit seiner Gefolgschaft nach Rajgirha, der Hauptstadt von Magadha auf. Dort richtete König Bimbisara ein Bankett für sie aus und schenkte dem Buddha einen Park, den sog. Bambushain Veluvana, in dem der Buddha sein erstes Ordenskloster baute.

Hier in Rajgir drehte Buddha zum zweiten Mal das Rad der Lehre. Er gab hauptsächlich die Prajnaparamita-Lehren, also die höchsten Weisheitsbelehrungen. Diese Belehrungen gehören zum Mahayana und sind geprägt vom Großen Mitgefühl mit allen Wesen und dem Verständnis der Leerheit. Er lehrt, dass alle Dinge in Abhängigkeit entstanden und leer von inhärenter Existenz sind. Das Herz-Sutra wurde hier gelehrt.

Buddha hält sich am liebsten auf dem „Geiergipfel" – Griddhakuta Hill – auf. Dort auf dem Hügel gab er Belehrungen. Er und seine Schüler wohnten in Höhlen.

Am Fuße des Griddhakuta Hügels liegt „Amravana" = Jivakas Mango Garten. Jivaka, auch Dr. Shivago genannt, war der Leibarzt des Buddha (er hatte an der großen Universität von Taxila studiert und war einer der engen Freunde des Buddha) und des Königshofes von Magadha. Er ist derjenige, der die klassische Thai-Massage Nuad Bo Rarn ins Leben rief. Er verzichtete darauf, Mönch zu werden, um sowohl Männer aus auch Frauen behandeln zu können. Aus dem Mango Garten machte er ein Kloster und schenkte es dem Buddha.

An einer anderen Stelle am Fuße des Hügels liegt das Gefängnis von Bimbisara. Er unterstützte den Buddha so sehr, dass sogar das Staatsvermögen gefährdet war. Sein Sohn Ajatasatru konnte das nicht ertragen. Er ließ seinen Vater ins Gefängnis bringen und ihn dort verhungern.

Als Bimbisara tot war und auch der Buddha die Erde verlassen hatte, tat es dem Sohn leid und er finanzierte nach dem Tod des Buddha ein Meeting und erbaute einen Stupa für die Reliquien. Dieses Meeting war das 1. Buddhistische Konzil und fand in einer Höhle von Rajgir statt, direkt nachdem der Buddha seinen Körper verlassen hatte (je nach unterschiedlichen historischen Angaben ca. 483 v.Chr.).

Auf dem Konzil soll u. a. Ananda, einer der Hauptschüler des Buddha und bekannt für sein außerordentlich gutes Gedächtnis, die Lehrreden des Buddha wiedergegeben haben.

Shravasti

Zu den Pilgerorten gehört auch Shravasti. Hier, in der Hauptstadt Kosalas zu jener Zeit, verbrachte der Buddha oft die Regenzeit und unterhielt eine große Klosteranlage, Jetavana genannt. Viele Ruinen sind davon noch erhalten. Hier nahm der Buddha Angulimala in den Mönchsorden auf. Auf Geheiß eines nicht authentischen Lehrers sollte Angulimala 1000 Finger abschlagen und zusammensammeln. Viele Menschen hatte er deswegen schon umgebracht.

Bei 999 traf Angulimala auf den Buddha und stellte fest, dass er ihn nicht einmal beim Laufen einholen konnte (Schnelllaufen ist eine „Siddhi", eine der besonderen Fähigkeiten eines großen Meisters). Er sprach den Buddha an und bat ihn anzuhalten. Der Buddha entgegnete ihm, er selbst hätte angehalten/aufgehört, Angulimala aber nicht. Als ihm der Buddha erklärte, dass er aufgehört hätte, andere Wesen zu schädigen, Angulimala aber nicht, warf Angulimala mit voller Entschlusskraft seine Waffen weg und warf sich vor dem Buddha nieder. Der Buddha nahm ihn in seinen Orden auf und so blieb Angulimala eine Wiedergeburt in den Höllen erspart. In Shravasti steht auch Angulimalas Stupa.

Vaishali

Im 5. Jh. v.Chr. war Vaishali die Hauptstadt der Licchavis, damals eine große Stadt mit mehrgeschossigen Häusern und vielen Lotusteichen.

Der Buddha war sehr oft hier, um Lehrreden zu halten, u.a. soll er das Lotussutra hier gelehrt haben. Es heißt, dass er hier in Vaishali das Rad der Lehre zum dritten Mal gedreht habe und besonders das geheime Mantrayana (Tantra) gelehrt habe.

In Vaishali verkündete der Buddha, dass er hier seine letzte Lehrrede halten würde, bevor er nach Kushinagar gehen werde, um ins Nirvana einzugehen.

Hier war es, wo endlich auch Frauen als Nonnen in die Gemeinschaft aufgenommen werden durften.

Es gibt große Ausgrabungen einer Klosteranlage des Buddha, vermutlich ein Geschenk der Kurtisane Ambapali. Ashoka stellte hier eine große Säule auf. Der Löwe blickt nach Norden: nach Kushinagar.

1958 wurde ein Stupa ausgegraben, der ein Kästchen mit Asche des Buddha enthalten haben soll. Vermutlich handelt es sich um jene Reliquien, die den Licchavis zugeteilt worden sein sollen.

Mit den Licchavis war Buddha schon sehr lange verbunden: einer seiner engen Freunde war Mahali, ein Adliger aus Vaishali, der auch in Taxila studiert hatte.

In Vaishali wurde 386 v. Chr. das 2. Buddhistische Konzil abgehalten. Auf diesem Konzil wurden unterschiedliche Auffassungen zwischen dem Theravada (berufen sich u.a. auf die Lehrreden des Buddha in Pali-Sprache (Hinayana, Kleines Fahrzeug) und dem Mahayana (akzeptieren auch Lehrreden in Sanskrit, Großes Fahrzeug) offensichtlich. Der Mahayana Buddhismus, dem die Erleuchtung zum Wohl aller Wesen am Herzen liegt, begann sich abzuspalten.

Kushinagar

Entsprechend den unterschiedlichen Angaben zu Buddhas Geburtsjahr, sind auch die Angaben zu seinem Todesjahr unterschiedlich. Zu finden sind z.B. 483 v. Chr., 544 v. Chr. und viele mehr... Aber der Buddha hat selbst kurz vor seinem Tod gesagt, dass er 80 Jahre alt sei.

Offensichtlich hatte er schlechtes Fleisch gegessen, so dass er an einer Lebensmittelvergiftung starb. Er war sich dessen bewusst. Wie wir alle musste auch er seinen Körper zurücklassen

– aber eine unfreiwillige Wiedergeburt im leidvollen Daseinskreislauf gibt es für den Buddha nicht mehr.

Einen weiteren Ort möchte ich noch erwähnen:

Nalanda

Lange Zeit nach dem historischen Buddha entstand im 5. Jh. n. Chr. in Nalanda die größte Universität dieser Zeit.

Buddha selbst lehrte hier schon an dieser Stelle sehr oft -obwohl es noch keine Universität gab. Auch Mahavira, der Gründer des Jain-Ordens und ein Zeitgenosse des Buddha, lehrte hier. Auch Nagarjuna (2. Jh. v. Chr.) soll hier gelehrt haben. Der Ort für die Universität war also bewusst gewählt worden.

Die Blütezeit von Nalanda reichte bis ins 12. Jh. Es war die erste Universität weltweit, in der Mönche wohnen konnten. Bis zu 10.000 Mönchen und 1500 Lehrer wohnten hier. Es war ein riesiges Gelände mit bis zu 9-stöckigen Gebäuden. 7 Tempel soll es hier gegeben haben, allein die Bibliothek soll 9 Millionen Bücher umfasst haben. Theravada und Mahayana Schüler erlernten hier Logik, Grammatik, Medizin usw. Es wurden auch

Statuen von Jain- und Hindu-Gottheiten ausgegraben, die darauf schließen lassen, dass an dieser Universität jeder, egal welcher Philosophie/Religion folgend, studieren konnte.

Der bekannteste Professor der Blütezeit von Nalanda ist sicherlich Naropa (1016-1100). Die Moghulen zerstörten im 12. Jh. diese Anlage. Einige Texte waren jedoch schon nach Tibet zur Übersetzung gegangen, so dass sie dadurch erhalten geblieben sind.

Das Umfeld des Buddha und seine Person

Bevor wir uns den Kernaussagen seiner Lehre widmen, möchte ich noch kurz etwas zum Umfeld und zu seiner Person sagen:

Als Buddha geboren wurde, waren die Brahmanen (Priester) der Hindus sehr mächtig. Diese führten viele Tieropfer durch, die der Buddha ablehnte. Das Kastensystem, das die Macht der Brahmanen stützte, lehnte der Buddha ebenso ab. Sie können sich bestimmt vorstellen, dass er sich damit bei den Brahmanen nicht besonders beliebt machte ...

Er selbst lehnte Kult um seine Person ab, ebenso wie er keinen Nachfolger bestimmte. Seine Lehre war wichtig, nicht er selbst.

Zu seiner Zeit lebte Lord Mahavira, der 24. Tirthankara der Jains. Und es gab viele Wanderprediger. Die Philosophie boomte, wodurch die Einwohner von Kâlâmer scheinbar völlig entnervt von den vielen Verkündern den Buddha fragten, wem sie denn glauben sollten. Seine Antwort:

Geht, Kâlâmer, nicht nach Hörensagen, nicht nach Überlieferungen, nicht nach Tagesmeinungen, nicht nach der Autorität heiliger Schriften, nicht nach bloßen Vernunftgründen und logischen Schlüssen, nicht nach erdachten Theorien und bevorzugten Meinungen, nicht nach dem Eindruck persönlicher Vorzüge, nicht nach der Autorität eines Meisters! Wenn ihr aber, Kâlâmer, selber erkennt: diese Dinge sind unheilsam, sind verwerflich, werden von Verständigen getadelt, und, wenn ausgeführt und unternommen, führen sie zu Unheil und Leiden, dann, o Kâlâmer, möget ihr sie aufgeben.

Buddha lehrte auch an anderer Stelle, dass man nichts einfach glauben, sondern stets überprüfen sollte.

Buddha selbst scheint ein sehr pragmatischer und diplomatischer Mensch gewesen sein. Zwischen den einzelnen Reichen (zu seiner Zeit gab es 16 Mahajanapadas, das sind unabhängige Staaten, im heutigen Nordindien) war seine Diplomatie oft gefordert. Seine Orden, die der Buddha für Mönche und Nonnen gegründet hatte, brauchten Unterstützung mit Lebensmitteln und Unterkünften – besonders während der Regenzeit. Seine Weisheit sprach sich herum und immer mehr Menschen suchten seinen Rat. Immer war er vermittelnd und darauf bedacht, dass kein Wesen zu Schaden kam.

Was unterscheidet ihn und seine Lehre? Zog er missionierend durch Indien?

In Sarnath gab Buddha Shakyamuni seine erste Belehrung erst, nachdem er von den fünf Asketen darum gebeten wurde. Und es ist noch immer so: wenn man etwas erfahren möchte, muss man den Lehrer darum bitten. Er zog nicht missionierend durch die Gegend. Auch dies war zu seiner Zeit bestimmt ungewöhnlich!

Nicht nur, dass er keinen Personenkult wollte und die Menschen dazu aufrief, Sachverhalte und Lehren zu hinterfragen, für ihn gab es im Gegensatz zum Hinduismus und Jainismus keine unsterblichen, unzerstörbaren und individuellen Seelen (Atman) und er lehnte Menschen- und Tieropfer und Kasten ab. Auch einen Schöpfergott, den man verehren sollte, konnte er in seiner Lehre nicht unterbringen – zur Begründung kommen wir später.

Meiner Meinung nach war Buddha ein großer Pragmatiker, der nur die Sachverhalte lehrte, die logisch begründet werden konnten und dazu führten, Leid und Unheil zu vermeiden.

Verständlich wird daher auch, dass jemand, der eigenes Denken und Eigenverantwortung lehrt, sich bei den herrschenden Brahmanen, die ihr Wissen nur mit Gleichgestellten teilen wollten, nicht beliebt machte. Einen Gotteskult in Frage zu stellen und Opfer abzulehnen, also zwei Faktoren, die die Grundlage der Macht der Brahmanen waren, konnten ihm erst recht nicht das Wohlwollen der Brahmanen sichern.

Nachdem wir nun jetzt einen kleinen Einblick in Buddhas Leben und seine Zeit haben, werden wir uns nächstes Mal mit einigen essentiellen Belehrungen seiner ersten Lehrrede anfreunden.

03 Begeben Sie sich zum Notausgang!

Als Buddha Shakyamuni nach seiner Erleuchtung den fünf Asketen die erste Belehrung gegeben hatte (oder wie man sagt „das Rad der Lehre in Gang gesetzt hat"), hat er zuallererst die Vier Edlen Wahrheiten gelehrt. Damit wollen auch wir beginnen, um zu verstehen, worin unsere Gefangenschaft besteht und warum und in welcher Weise wir Buddhas Lehre als Notausgang betrachten können.

Die Vier Edlen Wahrheiten lauten:
1. Die Wahrheit vom Leiden
2. Die Wahrheit von den Ursprüngen des Leidens
3. Die Wahrheit von der Beendigung des Leidens
4. Die Wahrheit des Pfades, der zur Beendigung des Leidens führt

Bevor wir anfangen, uns über die Reihenfolge der Vier Wahrheiten zu wundern, möchte ich Ihnen eine gern zitierte Analogie vorstellen:

Stellen Sie sich vor, Sie sind krank. Dann werden Sie überlegen, warum Sie krank geworden sind und um welche Krankheit es sich handeln könnte. Wenn Sie merken, dass Sie mit dem Thema allein nicht klarkommen, werden Sie sich an einen Arzt wenden, der Ihnen sagen wird, ob Ihr Leiden ein Ende haben kann. Und wenn es dafür eine Behandlungsmöglichkeit gibt, wird Ihnen der Arzt dann eine Behandlung und/oder Medizin zukommen lassen, um Ihnen weiteres Leiden zu ersparen. Da dies die Reihenfolge ist, die man im Alltag so erfährt, hat es der Buddha auch in dieser Reihenfolge gelehrt.

In diesem Fall können Sie sich vorstellen, dass der Buddha der Arzt ist, der erkennt, woran Sie erkrankt sind und seine Belehrungen die Medizin, die Sie gesunden lässt.

Dass Leiden die Wahrheit unseres Lebens ist, hat der Buddha, der sonst im Luxus aufgewachsen ist und von dem man das Leiden bewusst fernhielt, damit er ein König und nicht ein Weiser wird, bei seinen Ausfahrten aus dem Palast bemerkt. Mit Alter, Krankheit und Tod war er plötzlich konfrontiert und dass der Prozess unweigerlich mit der Geburt beginnt, war ihm bestimmt genauso bewusst, wie für uns alle diese Faktoren zum Leben dazu gehören.

Obwohl es als Solches nichts Neues war, hat jedoch niemand vor dem Buddha dies so pragmatisch erkannt und ebenso dargestellt. Diese klaren Worte müssen neu für sein Umfeld gewesen sein.

Wenn wir uns eine Krankheit nicht eingestehen und sie ignorieren, werden wir wohl auch nicht zu einem Arzt gehen und eine Behandlungsstrategie erfahren. Buddha hat das Leiden also nicht einfach abgetan, heruntergespielt oder ignoriert, sondern sich den Sachverhalt angeschaut und überlegt, warum das so ist.

Dieser asketische Mönch bei seiner vierten Ausfahrt hatte ihn beeindruckt und so muss er wohl den Wunsch entwickelt haben, Leiden zu verstehen und zu ändern anstatt es einfach hinzunehmen. Mit der Erleuchtung hat er erkannt, worin die Ursprünge unseres Leidens bestehen:

Die Wurzel allen Übels ist unsere Unwissenheit, die uns Anhaftung (Begierde) und Ablehnung (Hass) beschert.

Vergleichbar ist die Situation damit, dass wir zulassen zu erkennen, dass wir krank sind und uns an einen Arzt wenden. In diesem Fall haben wir Glück, denn dieser Arzt weiß, was die Ursache unserer Krankheit ist und wie wir sie beenden können.

Die erste Lehrrede des Buddha ist auch unser Notausgang. Nur, wenn wir aus dem brennenden Tunnel den Notausgang wählen, können wir uns befreien. Wenn wir das Feuer ignorieren, weil wir glauben, dass es ja gar nicht so schlimm ist und uns nicht betrifft, werden wir den Notausgang nicht suchen und uns nicht befreien.

Auch in dem Punkt, die Unwissenheit als Ursache unseres Leidens zu erkennen, war Buddha einzigartig und für seine Zeit revolutionär.

Buddha Shakyamuni meditierte ganz pragmatisch über die Ursachen des Leidens. Für jede dieser Wahrheiten überlegte er, was das Wesen dieser Wahrheit ist, welche Aufgaben daraus entstehen und welches Resultat dann zustande kommt.

Das Wesen / die Natur der Wahrheiten kennen wir aus der Darstellung der Vier Edlen Wahrheiten.

Buddha formulierte auch **unsere Aufgaben**:
    1. Die Leiden müssen erkannt werden

2. Die Ursachen der Leiden müssen beseitigt werden
3. Die Beendigung des Leidens muss verwirklicht werden
4. Der Pfad zur Beendigung muss geübt werden

Bestimmt schwant Ihnen, dass die Aufgaben einige Zeit erfordern werden. Lassen Sie sich davon nicht abschrecken: im Buddhismus sagt man, dass es nichts gibt, was nicht durch Übung einfacher wird.

Bestimmt ist es motivierend, um sich mit den Aufgaben auseinanderzusetzen, wenn Sie die **Ergebnisse** kennen (wenn es nicht hilfreich wäre, hätte es der Buddha nicht gelehrt):

1. Die Leiden werden vollständig erkannt
2. Die Ursprünge des Leidens werden vollständig überwunden
3. Die Beendigung des Leidens wird vollständig erreicht
4. Der Pfad zur Beendigung wird vollständig verinnerlicht

Bevor wir uns an die erste Aufgabe machen, möchte ich Ihnen noch kurz erklären, warum man von den Vier „Edlen" Wahrheiten spricht. In der Literatur werden Sie am häufigsten finden:

- „Die 4 Edlen Wahrheiten"
- „Die 4 Heiligen Wahrheiten"
- „Die 4 Wahrheiten der Heiligen"

An zutreffendsten vom philosophischen Kontext ist die letzte Formulierung, denn einwandfrei können die Wahrheiten nur von Heiligen erkannt werden. Heilige sind in diesem Kontext (skr. „Arya") Personen, die eine direkte Einsicht in die Leerheit haben. Was dies bedeutet, erfahren Sie an späterer Stelle.

Werfen wir noch einmal einen Blick auf unsere Aufgaben:

1. Die Leiden müssen erkannt werden
2. Die Ursachen der Leiden müssen beseitigt werden
3. Die Beendigung des Leidens muss verwirklicht werden
4. Der Pfad zur Beendigung muss geübt werden

Demnächst werden wir analysieren müssen, woran wir leiden. Wir werden in die Trickkiste unseres Geistes schauen und feststellen, worauf wir immer wieder reinfallen. Das prägt so unseren Alltag, dass es spannend wird, sich den einen oder anderen Punkt bewusst zu machen!

Wenn wir das erkannt haben, müssen wir unseren Geist neu ausrichten, unsere Filter im Geist „umstricken" und die Konzepte auflösen. Keine Angst: auch dieser Punkt bringt Freude!

Um das Leiden unseres unfreiwilligen, leidvollen Daseinskreislaufs erfolgreich zu beenden, in dem wir immer wieder Geburt und Tod erfahren und immer in Erwartung/Enttäuschung, Hoffnung/Frustration durch unsere Unwissenheit verstrickt sind, müssen wir unseren Geist zähmen. Auch dafür hat der Buddha ein paar gute Übungen parat.

Was den Pfad zur Beendigung des Leidens betrifft, so hat wunderbar dazu passend der Buddha in seiner ersten Lehrrede auch den Edlen Achtfachen Pfad erklärt.

Indem man den **Edlen Achtfachen Pfad** anwendet, kann man sich von den Ursprüngen des Leidens befreien. Dabei achtet man auf die folgenden acht Punkte:

1. Rechte Ansicht (das Gesetz von Ursache und Wirkung beachten)
2. Rechtes Denken (Hasslosigkeit, friedfertige Einstellung, Habgier und Übelwollen vermeiden)
3. Rechte Rede (nicht lügen, nicht Zwietracht säen, keine grobe Rede, kein sinnloses Geschwätz)
4. Rechte Handlungen (nicht töten, nicht stehlen, kein sexuelles Fehlverhalten, also keine Schädigung anderer Wesen)
5. Rechter Lebenserwerb (heilsamen Beruf wählen, den Wesen nicht schaden sondern helfen)
6. Rechte Anstrengung (Unheilsames bereinigen und vermeiden, Heilsames hervorbringen oder erhalten)
7. Rechte Vergegenwärtigung (sich an das Korrekte erinnern, sich dem Guten zuwenden)
8. Rechte Konzentration (einspitzig auf ein heilsames Meditationsobjekt konzentriert sein,)

In diesem 8fachen Pfad sind die 10 unheilsamen Handlungen, die man vermeiden sollte, inbegriffen. Dieses ist ein gutes Handwerkszeug für den Alltag – und in Richtung Notausgang!

Um aber tiefer zu erkennen, wie sehr wir gefangen sind und leiden, muss ich Ihnen dieses Thema nächstes Mal näherbringen. Sorry, da müssen Sie durch. Der Buddha hätte es nicht gelehrt, wenn es nicht wichtig für uns wäre.

So schlimm ist es aber nicht, denn wir sind in diesem Leben alle Menschen. Warum das für uns von Vorteil ist, hören Sie nächstes Mal von mir.

04 Geschafft – ich lebe als Mensch!

Letztes Mal habe ich Ihnen versprochen, dass wir dieses Mal uns zuerst mit den Leiden beschäftigen, um Sie am Ende in der Stimmung zu verlassen, dass Sie froh sind, als Mensch auf der Welt zu sein. Zugegeben, dies ist ein thematischer Spagat, aber wir werden dort ankommen. Unser Angelpunkt zu diesem Thema ist die erste der Vier Edlen Wahrheiten, das Leiden.

Sollte es Ihnen so vorkommen, als ob es im Moment mit dem Leiden gar nicht so schlimm ist, freue ich mich für Sie, weil es ja schlimmer sein könnte, aber leider wird dieser glückliche Zustand nicht für die Ewigkeit anhalten. Betrachten wir einfach mal, was hinter der glücklichen Fassade wirklich passiert.

Gemeint sind mit der Ersten Edlen Wahrheit die 3 Arten von Leiden:
1. Das Leid des Schmerzes/des Leidens (je nach Übersetzung)
2. Das Leid des Wandels/der Veränderung (je nach Übersetzung)
3. Das allesdurchdringende Leid

Die erste Form, das **Leid des Schmerzes**, ist uns allen bekannt. Kopfschmerzen, Zahnschmerzen, alle Formen von Krankheiten fallen in diese Kategorie. Tiere übrigens nehmen diese Leiden auch wahr. Genauso wie wir suchen sie nach Möglichkeiten, den Schmerz zu verringern. Aber auch geistige Leiden, wie z.B. Angst vor Trennung, fallen in diesen Bereich.

Dem **Leid des Wandels** kommen wir nicht so leicht auf die Spur. Schließlich freuen wir uns über Lob (wessen Ego schreit da nicht „hurra!"), über ein gutes Essen oder ein gutes Glas Wein, oder Luxus in Form eines neuen Smart- oder iPhones oder dem x.-ten Paar Schuhe. Die Liste lässt sich beliebig ergänzen. Aber das tolle Essen, das uns am ersten Tag begeistert hat, reizt uns am fünften Tag hintereinander gar nicht mehr, das i Phone wird irgendwann langweilig und die Schuhe laufen sich bei längeren Strecken auch nicht so toll. Wenn wir lange gesessen haben, wollen wir aufstehen, haben wir lange gestanden, wollen wir sitzen. Warum werden wir nicht mit einem Phänomen dauerhaft glücklich? Antwort: Kein Phänomen hat Glück als Eigennatur. Das Glück, das wir im Daseinskreislauf erfahren, hat seine Ursachen in befleckten Taten und Leidenschaften und ist somit „befleckt" und führt zwangsweise zu Leiden.

Wenn wir jetzt verstehen, dass alle Produkte unbeständig sind, also der Veränderung unterliegen, und alles Befleckte leidhaft ist, dann verstehen wir, warum das Glück als eigenes Wesen das Glück nicht gepachtet hat.

Aber diese Unbeständigkeit zeigt sich nicht nur daran, dass unser Körper altert, sich das Wetter ändert, Nahrungsmittel schlecht werden oder ein Haus zerfällt. Diese grobe Unbeständigkeit nehmen wir ja noch wahr. Aber die subtile Unbeständigkeit ist uns überaus selten präsent: dass wir uns und alle anderen Phänomene in jedem Bruchteil einer Sekunde verändern...

Auf die Zusammenhänge zwischen Karma (Handlungen, auch Gesetz von Ursache und Wirkung) und Kleṣa (Leidenschaften) kommen wir an einem der nächsten Abende zu sprechen, aber um das Befleckte an dieser Stelle etwas greifbarer zu machen, möchte dazu etwas mehr sagen: Alle befleckten Phänomene sind mit Leiden verbunden. Das trifft auf alle Dinge zu, die uns umgeben und die wir erleben und die mit fehlerhaften Geisteszuständen wie Unwissenheit, Begierde, Hass in Verbindung stehen (dies ändert sich erst, wenn wir alle fehlerhaften Geisteszustände überwunden haben). Oft erscheinen uns die Dinge, vor allem Sinnesobjekte, sehr attraktiv, als könnten sie in jeder Hinsicht all unsere Wünsche erfüllen. Dies kann z.B. sowohl ein anderer Mensch sein, als auch ein gutes Essen oder ein Gebrauchsgegenstand. Meist stellt sich nach einiger Zeit heraus, dass es doch nicht so perfekt ist, wie wir dachten. Alles Befleckte, und das umfasst alles, solange wir im Daseinskreislauf sind, bringt Leiden und Schwierigkeiten mit sich.

Aber das war ja erst die zweite Art des Leidens. Jetzt wird es noch subtiler und wir kommen zum **Allesdurchdringenden Leiden**. Dieses Leiden wird durch unsere bedingte Existenz im Daseinskreislauf hervorgerufen. Wir sind Gefangene im Daseinskreislauf, im Rad der unfreiwilligen Wiedergeburten. Unfreiwillig deshalb, weil wir aufgrund unserer Unwissenheit und den daraus folgenden Taten immer wieder Geburt annehmen in allen Bereichen des Daseinskreislaufs. Das ganze Hamsterrad ist Leiden, auch, wenn es uns auf den ersten Blick gerade ganz angenehm erscheint.

In jedem Daseinsbereich gibt es spezifische Leiden. Jetzt haben wir eine Geburt im menschlichen Bereich (die anderen Bereiche betrachten wir später). Damit, so lehrte Buddha, haben wir vier hauptsächliche Leiden: Geburt, Alter, Krankheit und Tod. Das Leiden der Geburt bezieht sich im Buddhismus auf den Embryo/Fötus, der nicht nur die Zeit im Mutterleib zu ertragen hat, sondern der auch während der Geburt selbst größeres Leiden verspürt.

Exkurs: Geburt

Nach buddhistischer Terminologie ist Geburt nicht der Austritt aus dem Mutterleib oder aus dem Ei, sondern der Moment der Empfängnis, wenn sich Körper und Geist verbinden.

Im Buddhismus gibt es 4 Arten der Geburt:
1. *Aus dem Mutterleib*
2. *Aus dem Ei*
3. *Aus Feuchtigkeit und Wärme*
4. *Spontane Geburt*

Nach dem Leiden der Geburt wird es ja auch nicht besser: Dass es mit zunehmendem Alter an der einen oder anderen Stelle nicht mehr so gut funktioniert oder sogar schmerzt, wissen wir ja auch. Und dass wir Krankheiten nicht wünschen und gern auf den Tod verzichten würden, ist auch allgemeiner Konsens. Aber irgendein Leiden kommt immer irgendwann um die Ecke. Da es aber etwas Unangenehmes ist und wir gut im Verdrängen sind, versuchen wir, dieses Allesdurchdringende Leiden nur selten wahrzunehmen.

Gampopa (tib. Meister, 1079-1153) schildert in seinem Werk „Juwelenschmuck der Erkenntnis" zu den vier hauptsächlichen Leiden des menschlichen Bereichs (Geburt, Alter, Krankheit, Tod) weitere vier Leiden im menschlichen Bereich:

5. Das Leid, von Geliebten getrennt zu sein
6. Das Leid, Ungeliebten zu begegnen
7. Das Leid, Gewünschtes nicht zu erhalten
8. Das Leid, Erlangtes beschützen zu müssen

Auch diese Leiden begegnen uns leider sehr häufig und ich muss sie wohl daher nicht weiter erklären.

Das war jetzt bestimmt kein angenehmer Teil. Aber wir müssen uns präsent machen, dass wir leiden (auch wenn wir es nicht wahrhaben wollen und es uns gerade wie Glück erscheint), wenn wir verstehen wollen, dass es clever ist, den Notausgang zu benutzen. Ansonsten sind Sie Äonen später noch immer im gleichen Hamsterrad.

Dieses Leiden zu erkennen und den Wunsch zu entwickeln, daraus frei zu kommen, nennt man Entsagung. Die Entsagung ist sehr essentiell und einer der drei Hauptpunkte, um auf dem Pfad zur Buddhaschaft voranzukommen. Wir kommen später darauf zurück.

Dieses Hamsterrad, den Daseinskreislauf, werden wir demnächst näher besprechen. Ein wenig möchte ich Ihnen jedoch schon heute verraten, damit Sie wirklich froh über Ihre menschliche Geburt sein können.

Die gute Nachricht ist: Glückwunsch! Das ist ein Grund zur Freude: Sie sind im menschlichen Bereich geboren worden! Es ist sehr, sehr, sehr selten – und es hätte viel schlimmer kommen können.

Die zweite gute Nachricht: Sie sind gerade mit der buddhistischen Lehre in Kontakt gekommen – das ist noch viel seltener!

Die schlechte Nachricht ist: Auch Ihr Leben ist irgendwann vorbei – und wo sind Sie dann? Auch mit diesem Thema werden wir uns an einem anderen Abend beschäftigen...

Betrachten wir zunächst den **Daseinskreislauf**:

Es gibt **3 niedere Bereiche**:
1. Den Bereich der Höllen
2. Den Bereich der Hungergeister
3. Den Bereich der Tiere

Es gibt **3 höhere Bereiche**:
1. Den Bereich der Menschen
2. Den Bereich der Halbgötter
3. Den Bereich der (weltlichen) Götter

Auf manchen Abbildungen/in manchen Texten wird der Bereich der Götter und der Halbgötter zusammengefasst, so dass es dann nur 5 Bereiche gibt.

Damit sind wir schon auf dem Weg zu erkennen, was man unter einem „kostbaren Menschenleben" verstehen kann – immerhin sind wir in einem höheren Bereich dieses Mal geboren worden. Dabei sind wir frei von 8 ungünstigen Umständen (manchmal auch als 8 Zustände mangelnder Muße oder als 8 Freiheiten bezeichnet) und wir sind mit 10 günstigen Bedingungen (auch als 10 Ausstattungen bezeichnet) ausgestattet.

Die 8 ungünstigen Umstände nennt Nagarjuna in seinem Text „Brief an einen Freund".

Gern werden sie unterteilt in 4 Freiheiten von ungünstigen Bedingungen außerhalb des menschlichen Bereichs: die Freiheit davon,
1. als Tier geboren zu sein
2. als Hungergeist geboren zu sein
3. als Höllenwesen geboren zu sein
4. im Bereich der langlebigen, weltlicher Götter geboren zu sein (bezieht sich manchmal auch auf den Bereich der Halbgötter, diese werden ständig von anhaftender Begierde abgelenkt)

und 4 Freiheiten von ungünstigen Bedingungen im menschlichen Bereich: die Freiheit,
1. nicht in einer Zeit zu leben, in der kein Buddha gelehrt hat
2. nicht in einem entlegenen Land geboren zu sein, in dem es die 4 Arten der Gemeinschaft nicht gibt (Gemeinschaft der männlichen und der weiblichen

Laienanhänger, Gemeinschaft der Mönche und der Nonnen)
3. keine defekten Sinneskräfte zu besitzen, nicht geisteskrank zu sein
4. nicht als jemand geboren zu sein, der verkehrte Ansichten hegt (z.B. die Lehre von Ursache & Wirkung (Karma) abzulehnen, Nihilismus oder Eternalismus anzuhängen), da man nicht erkennt, dass heilsame Handlungen die Voraussetzung für eine glückliche Wiedergeburt und für die Buddhaschaft sind.

Wenn Punkte 1-8 ungünstige Bedingungen sind, hat man keine Möglichkeit/keine Muße sich mit dem Dharma, also der buddhistischen Lehre, auseinanderzusetzen und den Weg zur Befreiung einzuschlagen.

Leider gibt es sehr viel mehr Tiere, noch mehr Hungergeister und noch mehr Höllenwesen als Menschen, so dass die Wahrscheinlichkeit, in einem anderen Bereich wiedergeboren zu werden, unermesslich viel höher ist (trotz 7 Milliarden Menschen allein auf unserem Planeten).

Exkurs: der erwähnte **Nagarjuna** ist einer der größten Meister buddhistischer Philosophie. Er lebte ca. im 2. Jh. n.Chr. (es gibt jedoch Legenden um seine Lebensspanne) in Indien und verfasste zahlreiche Schriften, besonders zur Weisheit.

Im Zusammenhang dazu stehen die 10 Freiheiten von ungünstigen Ausstattungen.

Dabei gibt es 5 positive Umstände in Bezug auf die eigene Person:

1. Als Mensch geboren zu sein (denn nur in diesem Bereich kann man viele verdienstvolle Handlungen begehen)
2. In einem Land zu leben, in dem die Lehre des Buddha besteht und praktiziert wird
3. Vollständige Sinnesfähigkeiten zu besitzen
4. Frei davon zu sein, extrem negative Handlungen begangen zu haben, die eine Dharma-Praxis unmöglich machen würden
5. Vertrauen in die Lehre des Buddha bzw. Interesse an einem solchen spirituellen Pfad zu haben

Und es gibt 5 positive Ausstattungen, die sich auf die Umgebung beziehen:
1. Ein Buddha ist in dieser Epoche erschienen (ist nicht selbstverständlich!)
2. Der Buddha hat den Dharma gelehrt (sehr, sehr selten!)
3. Seine Lehre besteht noch (Buddha sagte, seine Lehre würde max. 5000 Jahre bestehen)
4. Die Lehre wird praktiziert, sie besteht also nicht nur in der Theorie
5. Es gibt Mitgefühl unter den Menschen und die Bereitschaft, sich gegenseitig zu helfen, sodass man auch die materielle Unterstützung erfährt, die für die Dharma-Praxis notwendig ist

Exkurs: extrem negative Handlungen

Darunter versteht man die folgenden 5 Handlungen, die jede unmittelbar nach dem Tod ein langes, unermessliches Leiden nach sich ziehen.
1. *Einen Arhat ermorden*
2. *Die Mutter ermorden*
3. *Den Vater ermorden*

4. *Einen Buddha verletzen (zum Bluten bringen)*

5. *Die Edle Gemeinschaft entzweien*

Was die Definition eines Arhats *betrifft, so bedeutet dies Tibetisch wörtlich übersetzt: Überwinder von Gegnern („Feindzerstörer"), wobei die Gegner die Geistesplagen sind, von denen er sich befreit hat und damit frei von einer unfreiwilligen Geburt im Samsara ist.* **Übrigens: wann immer Ihnen im Buddhismus „Feinde" begegnen, handelt es sich immer um Geistesplagen (Leidenschaften). Äußere Feinde gibt es nicht!**

Unser verblendeter Geist kann Heilige oder Buddhas nicht erkennen. Buddhas und Arhats manifestieren sich zu unserer Hilfe. Somit kann man nicht ausschließen, dass man nicht doch einen Arhat oder Buddha verletzt ...

Kommen wir wieder auf die Freiheiten von ungünstigen Umständen und die Ausstattungen zurück: Zusammengefasst können wir also feststellen, dass wir in einer selten glücklichen Lage sind. Ich persönlich finde zwei Punkte besonders wichtig:
- Dass ein Buddha gerade gelehrt hat – dies ist so selten, da die Buddhas nur lehren können, wenn die Wesen in der Lage sind, das überhaupt geistig zu verarbeiten. Viele Äonen lang ist das nicht der Fall.

- Dass es im Daseinsbereich ein sehr seltener Fall ist, als Mensch wiedergeboren werden zu können.

Der letzte Punkt wird uns zunehmend deutlich werden, wenn wir uns mit den anderen Bereichen des Daseinskreislaufs beschäftigen.

Dazu möchte ich Ihnen gern mein Lieblingsbeispiel nennen:

Aus der „Völlig reinen Unterweisung"

„Angenommen, diese große Erde wäre völlig mit Wasser bedeckt und jemand würfe ein Joch mit einem einzigen Loch in der Mitte in dieses Meer und der Wind triebe es in alle 4 Richtungen, hierhin und dorthin, so könnte wohl in 1000 Jahren eine blinde Meeresschildkröte nicht ihren Hals durch dieses Joch stecken."

Buddha gibt in den Geschichten zur Disziplin folgenden Vergleich:

„Wesen, die nach einer guten oder schlechten Existenz in einer schlechten Existenz geboren werden, sind so zahlreich wie die Staubkörner auf der Erde. Dagegen sind die Wesen, die nach einer guten oder schlechten Existenz in einer glücklichen

Existenz wiedergeboren werden, so selten wie Staubkörner unter einem Fingernagel."

Und ich habe noch eine schöne Geschichte gefunden, die von tibetischen Meistern erzählt wird, um zu verdeutlichen, welche seltene Chance wir als Mensch haben:

„*Ein verkrüppelter Blinder ist vom Weg abgekommen und einen Abhang heruntergefallen. Wie durch einen Zufall trabte unten zur gleichen Zeit ein Maulesel, und der Blinde fiel direkt auf ihn. Er wusste, wie sich ein Maulesel anfühlte und nahm sich deshalb vor, sich gut an dem Tier festzuhalten, weil er eine solche Gelegenheit wohl kaum jemals wieder finden würde. Das Tier lief mit dem Blinden auf dem Rücken umher, der dazu noch aus lauter Vergnügen und Übermut fröhliche Lieder sang. Die Leute wurden deshalb ärgerlich und sagten ihm, es gebe keinen Grund für seine vergnügte Laune, er solle sich lieber in Acht nehmen, dass er nicht vom Maulesel herunterfalle. Er aber entgegnete, dass er durch einen Zufall auf diesen Maulesel gefallen sei, und fragte, wann er wohl überhaupt Grund hätte, fröhliche Lieder zu singen, wenn nicht jetzt!"*

Ähnlich sollten wir uns über diese nette, seltene Gelegenheit freuen und sie gut für den Weg nutzen.

Dem folgenden Zitat von Shantideva, einem großen indischen Meister aus dem 7./8. Jh. n.Chr., möchte ich voranstellen, dass man unter der buddhistischen Lehre eine „Gewöhnung an Heilsames" versteht. Shantideva schreibt in seinem Werk „Eintritt in das Leben zur Erleuchtung":

„Wenn ich mich nun, nachdem ich diese Freiheiten gefunden habe, nicht an das Heilsame gewöhne, so könnte ich nicht stärker betrogen werden und keine größere Dummheit begehen. Wenn ich, nachdem ich das verstanden habe, noch immer aus Dummheit träge bin, so wird zum Zeitpunkt meines Todes großes Leiden für mich entstehen."

Kommen wir zu dem Beispiel mit dem Notausgang aus dem brennenden Tunnel zurück: es ist meine Entscheidung, den Notausgang zu suchen und ihn zu nutzen. Wir haben heute gehört, was für Leiden uns im Tunnel weiterhin erwartet und dass es nicht selbstverständlich ist, dass es einen Notausgang gibt. In den meisten unserer Leben werden wir nicht einmal etwas von einem Notausgang erfahren, wenn es denn überhaupt einen geben sollte.

Ich weiß nicht, wie Sie jetzt darüber denken, aber ich würde mich freuen, wenn Sie mit mir zusammen den Notausgang suchen und etwas darüber erfahren, was hinter der Tür liegt.

Doch beim nächsten Mal legen wir erst einmal eine kleine Pause auf unserer Reise ein. Nach einer kleinen Einführung in die Meditation schauen wir dann wie von einem Aussichtspunkt auf einem Hügel auf die Dörfer und Landschaften, die wir bereits durchfahren haben. Mit anderen Worten: wir meditieren über die Punkte, die wir bisher besprochen haben.

05 Wie praktisch: ich atme!

Letztes Mal habe ich versprochen, Ihnen etwas zum Thema Meditation zu erzählen. Dazu benutzen wir zunächst das praktischste Instrument, das es gibt: unseren Atem.

Der tibetische Begriff „gom" für Meditation bedeutet: „den Geist an etwas gewöhnen". Woran wollen wir uns gewöhnen? An zwei verschiedene Arten der Meditation:

- eine **analytische Meditation** (skr.: **Vipassana**), bei der man Sachverhalte / Argumente analysiert / durchdenkt – meist sind es Sachverhalte der buddhistischen Lehre und ihre Umsetzung in den Alltag
- eine **konzentrative Meditation** (skr.: **Shamatha**), bei der man seinen Geist auf ein heilsames Objekt ausrichtet. Bei der konzentrativen Meditation versucht man, seinen Geist konzentriert auf dem Objekt zu halten und zu verhindern, dass er unter Erregung (abschweifende Gedanken, z.B. was muss ich noch einkaufen....) oder Sinken (z.B. man schläft ein) fällt.

Doch bevor wir meditieren. werde ich Ihnen noch verraten, welche für die Meditation förderliche Haltung Sie einnehmen können.

Dies nennt sich die **„Siebenfache Vairochana-Meditationshaltung"**:

1. Die Beine sind in der vollen oder der halben Diamanthaltung gekreuzt(=voller oder halber Lotussitz = einer oder beide Fuße auf dem Oberschenkel im Schneidersitz)
2. Die Augen sind weder weit geöffnet noch ganz geschlossen; sie ruhen so, dass der Blick etwa längs der Nase ausgerichtet ist
3. Das Rückgrat hält man gerade und aufrecht
4. Die Schultern sind gerade und in gleicher Höhe
5. Der Kopf ist gerade und ganz leicht nach vorne gebeugt, Nase und Nabel befinden sich in einer geraden Linie
6. Die Zähne und die Lippen werden in ihrer natürlichen, normalen Stellung belassen. Die Zunge liegt ganz leicht hinter der oberen Zahnreihe an der Grenze zum Gaumen.
7. Die rechte Hand liegt entspannt in der linken Hand. Die Handflächen sind nach oben gerichtet, die Daumen

sind aufgerichtet und berühren sich sanft. Die Hände liegen ca. 4 Fingerbreit unter dem Nabel.

Sollte Ihnen der Lotussitz nicht gelingen, machen Sie sich keinen Stress, sondern setzen sich so, wie es für Sie bequem ist, z.B. auf einen Stuhl. Wenn Sie den Rücken dabei aufrecht halten können, wäre dies schon gut. Selbstverständlich können Sie auch im Liegen meditieren, z.B. wenn Sie krank sind.

Die Anweisung stellt ein Optimum dar, aber wichtiger ist die Meditation selbst. Auch ohne diese Haltung können Sie in jeder Lebenslage meditieren: beim Essen, beim Laufen, wenn Sie draußen sind auch in der U-Bahn, in der Konzertpause....

Am Anfang ist es gut, erst einmal unseren Geist zur Ruhe bringen.

Dazu benutzen wir unseren Atem. Zuerst atmen wir tief aus und stellen uns dabei vor, wie mit dem Ausatmen alle Gedanken, alle Pläne und Emotionen, die uns beschäftigen, verlassen. Wir konzentrieren uns einfach darauf, ruhig ein-und auszuatmen. Vielleicht den Luftzug unter der Nase zu spüren oder die Bewegung unserer Bauchdecke.

Er wird nur wenige Sekunden dauern, bis Gedanken sich wieder zu Wort melden. Ein aktueller Meister, Rigdzin Shikpo, gab den Rat, die Gedanken wie Gäste auf einer Party zu begrüßen und sie dann entspannt stehen zu lassen. Mit anderen Worten: wir nehmen unsere Gedanken zur Kenntnis und folgen ihnen nicht oder bewerten sie nicht. Wenn wir sie wahrgenommen haben, wenden wir uns wieder dem Meditationsobjekt – in diesem Fall unserem Atem – zu. Dies versuchen wir fünf Minuten lang. Das sind wirklich lange Minuten. Es ist normal, wenn Sie Ihren Geist immer wieder zurückholen müssen.

Ich hoffe, Sie haben fünf entspannte Minuten mit Ihrem Atem verbracht, ohne Ehrgeiz, ohne Enttäuschung, falls doch noch ungebetene Partygäste kamen. In der buddhistischen Lehre gibt es immer Hoffnung, denn die Meister sagen: „Es gibt nichts, dass ohne Übung nicht einfacher wird."

Unser Atem ist nur ein mögliches Objekt für eine konzentrative Meditation, aber ein sehr praktisches, denn wir haben es immer dabei.

Auch können Sie sich auf ein heilsames Objekt, wie z.B. eine Buddhastatue ausrichten. Was Sie auch wählen, Sie sollten Ihre Übung in zunächst kleinen Zeiträumen (z.B. 2-10 Minuten) immer auf das gleiche Objekt ausrichten und über einen längeren Zeitraum (z.B. 3-6 Monate) nicht wechseln (also z.B. nicht ständig eine andere Statue auswählen).

Ziel dieser Methode ist es, sich über längere Zeit einspitzig auf ein Objekt konzentrieren zu können.

Das Objekt kann auch das Ergebnis einer analytischen Meditation sein, auf dem man dann einspitzig verweilt.

Nachdem wir jetzt mit unserem Atem angekommen sind, können wir jeweils fünf Minuten über die Themen nachdenken, die wir bisher besprochen haben. Das sind analytische Meditationen. Am Ende der fünf Minuten werden wir versuchen, ausgerichtet auf dem Ergebnis zwei Minuten konzentrativ zu verbleiben.

Wir haben schon eine ganze Menge besprochen:
1. Buddhas Leben zwischen Luxus und Askese, am Ende den Mittleren Weg zwischen beiden Extremen findend
2. Die 4 Edlen Wahrheiten
3. Die 3 Arten des Leidens
4. Die Freude über die kostbare menschliche Geburt

Im Buddhismus ist es sehr wichtig, immer wieder über das Gehörte (meine Zugabe: das Gelesene) nachzudenken und zu meditieren, damit der Geist das im Gedächtnis behält, es sozusagen verankert. Dies ist wichtig für die Geistesschulung, die Wurzel des buddhistischen Weges. Nur so können wir unseren Geist zum Frieden wenden.

Sollten Ihnen später noch Punkte einfallen, die Sie in Ihrer Meditation „vergessen" haben oder sollten Sie feststellen, dass nicht alle Unterpunkte mehr in Ihrem Gedächtnis bereitstanden, geben Sie deshalb nicht auf. Buddha empfahl uns sowieso, über das Gehörte zu meditieren. Mit einem Mal ist es nicht getan. Da Sie in Ihren Zellen alle die Möglichkeit haben zu meditieren (wie Sie mir sagten), empfehle ich Ihnen, dies regelmäßig zu tun, da wir gemeinsam vielleicht nicht immer die Zeit dazu haben werden.

Dies hat auch den Vorteil, dass Sie in der Zeit zwischen unseren Abenden immer wieder über die angesprochenen Punkte und Zusammenhänge nachdenken und noch Fragen stellen können.

Beim nächsten Mal beschäftigen wir uns mit dem Sterbeprozess und mit der Frage, ob und wenn ja, was von uns übrig bleibt und ob es eine Wiedergeburt für jeden von uns geben kann. Gruseln Sie sich bitte nicht vor diesem Thema: gut vorbereitet kann es für Sie besser ausgehen, als sie glauben.

06 Ende gut, alles gut – oder was passiert mit mir, wenn ich tot bin?

Beim letzten Mal habe ich Ihnen versprochen, dass es keinen Grund zum Gruseln gibt, wenn wir sterben, wenn wir uns gut darauf vorbereitet haben. Allerdings sind die Vorbereitungen vielfältig und dauern auch etwas länger und so denke ich mir, dass es nicht schaden kann, das Thema in einem größeren Zusammenhang zu betrachten und eine Meditation schon mal mit auf den Weg zu nehmen.

Im normalen Alltag versuchen wir, dieses Thema zu verdrängen und sind damit auch einigermaßen erfolgreich. Dies zeigt aber auch, dass wir das Thema unbequem finden...

Was wissen wir - grob gesprochen - über den Tod?
1. Wir wissen, dass jeder von uns stirbt. Mit anderen Worten: es bleibt niemandem erspart. Unser Tod ist uns gewiss.
2. Wir wissen nicht, wann und wie wir sterben werden. Im Buddhismus gibt es ein nettes Sprichwort: man weiß nie, was zuerst kommt: der nächste Tag oder der Tod.

3. Wenn wir sterben, müssen wir da allein durch (das ging uns ja bei der Geburt auch so), weder Freunde noch Geld können uns helfen.

Und nun? Können wir daraus etwas lernen? Oder muss man sich so damit abfinden? Wenn Sie sich damit einfach abfinden müssten, hätte ich Ihnen nicht versprechen können, dass Sie sich nicht vor dem Tod gruseln werden. Buddha hat gelehrt, wie man sich auf den Tod vorbereiten kann. Er hat viele Unterweisungen gegeben und die heutige Stunde ist mehr der Beginn eines roten Fadens, als dass man das Thema heute abhaken könnte.

Was lernen wir also aus den drei, soeben genannten, Punkten?
1. Wenn uns unser Tod sowieso blüht, haben wir jetzt die Wahl zwischen
    a) „Ich bereite mich vorsichtshalber darauf vor"
    b) „Warum das helfen soll, weiß ich nicht, aber ich höre mir mal an, was da im Angebot ist"
    c) „Ich habe keine Lust, mir darum Gedanken zu machen".

Wenn Sie sich schon wenigstens entschieden haben zuzuhören, können wir uns zusammen weiterhin mit der buddhistischen Lehre beschäftigen.

2. Da wir nicht wissen, wieviel Lebenszeit noch vor uns liegt, sollten wir uns so schnell wie möglich damit beschäftigen und mit den Vorbereitungen beginnen.
3. Wir sind allein mit unserem Tod. Wie wir alle wissen, haben wir alle unseren Körper, aber auch unsere Gedanken, Gefühle und unser Karma, auf das wir später eingehen werden. Alles besteht aus Energie. Die Materie (also unser Körper) ist eine grobe Energieform, unser Geist eine subtile Form. Gemäß dem Energieerhaltungssatz (1. Hauptsatz der Thermodynamik) kann man eine Energie nur in eine andere Energie umwandeln, aber sie nicht an- bzw. ausschalten. Wenn wir sterben, wird aus unserem Körper Feuerenergie und Asche, jedenfalls im Falle einer Verbrennung, bei einer Erdbestattung zunächst Nahrung für Käfer und Insekten, später Erde. Alles wird recycelt. Und unser Geist? Was passiert mit dieser Energie? Und das ist genau der Punkt, an dem wir ansetzen können. Unseren Geist haben wir immer dabei: bei der Geburt, im Tod, in allen Existenzformen. Der Geburtsvorgang in diesem Leben

ist vorbei, damit können wir jetzt nicht mehr arbeiten, aber wir haben den Tod vor uns und dann sehr wahrscheinlich weitere Leben in unterschiedlichen Existenzformen. Doch dazu kommen wir später. Jetzt schauen wir erst einmal, wie wir unseren Geist im Tod nutzen können, um für uns (eigentlich geht es nicht nur um uns, aber wir fangen damit erst einmal an) die besten Grundlagen für eine gute Wiedergeburt, mit viel gutem Karma sogar als Mensch, zu schaffen.

Einschub: Recycling

Unsere Körper bestehen aus mehrmals recyceltem Sternenstaub. Ohne Recycling würde es uns nicht geben. Erst durch die außerordentliche Hitze beim Tod massereicher Sonnen entstehen die schweren chemischen Elemente, die wir zum Leben brauchen. Auf der materiellen Ebene ist der Sternenstaub daher unsere gemeinsame Verbindung. Wir sollten kurz darüber meditieren, wieviel mehr Nähe wir dadurch zu den anderen Lebewesen gewinnen. Und: Materie ist nur eine Energieform von vielen möglichen, sogar eine, die unsere Sinne wahrnehmen können.

Kurz zusammengefasst: wir sterben sowieso, vielleicht schon in den nächsten Tagen und wir bekommen Werkzeuge vom Buddha, mit denen wir eine gute Wiedergeburt erreichen können. Und: selbst wenn wir ohne schwere Krankheiten und Probleme 100 Jahre alt werden, haben wir wenig Zeit. Viel Zeit brauchen wir für Schlaf, Arbeit, Familie & Freunde, Essen und weitere Aktivitäten (Saubermachen, Einkaufen, Sport etc.). So haben wir wenig Zeit, uns mit der buddhistischen Lehre zu beschäftigen. Also sollten wir jetzt nicht rumtrödeln, sondern uns an die Arbeit machen.

Schauen wir uns zunächst an, was im Sterbeprozess abläuft. Stellen Sie sich vor, Sie sind schon sehr alt und liegen in Ihrem Bett. Zugegeben, dies ist die beste Ausgangssituation für einen guten Tod, aber bei z.B. Unfällen läuft das Gleiche ab, nur so schnell, dass wir nicht die Zeit haben, das wahrzunehmen.

Unser Körper setzt sich aus vier Elementen zusammen. Im Sterbeprozess verlieren die einzelnen Elemente nacheinander die Kraft, so dass die Auflösung schrittweise von sich geht.

Die 4 Elemente sind:

Erde (die feste Substanz des Körpers)

Wasser (Körperflüssigkeiten)

Feuer (Körperwärme)

Wind (Energie, Bewegung)

Der Auflösungsprozess bei uns Menschen läuft immer wie folgt ab:
1. Das Erdelement löst sich in das Wasserelement auf
   a) Äußeres Zeichen: der Körper wird dünner
   b) Das Augenbewusstsein lässt nach
   c) Dem Sterbenden erscheint ein Bild einer Fata Morgana (Luftspiegelung z.B. in der Wüste)
2. Das Wasserelement löst sich in das Feuerelement auf
   a) Äußeres Zeichen: die Flüssigkeiten trocknen aus: z.B. der Mund wird trocken
   b) Empfindungen und Hörbewusstsein lassen nach
   c) Dem Sterbenden erscheint Rauch vor seinem geistigen Auge
3. Das Feuerelement löst sich in das Windelement auf
   a) Die Körperwärme zieht sich zusammen: von den Füßen zum Herzen oder vom Scheitel zum Herzen
   b) Das Geruchsbewusstsein degeneriert
   c) Dem Sterbenden erscheint ein Bild von Feuerfunken oder Glühwürmchen

4. Das Windelement (die Bewegung von Energie im Körper) löst sich in das Bewusstsein auf
   a) Äußeres Zeichen: Der Atem bleibt stehen (für einen Arzt wäre man tot, im Buddhismus ist man erst tot, wenn das Bewusstsein den Körper verlassen hat – genau genommen lebt man im Buddhismus also länger, zumal die Geburt ja auch schon die Zeugung ist)
   b) Der Sterbende hat eine Erscheinung wie das Licht oberhalb einer flackernden Kerze

Bevor Sie sich wundern, dass die Auflösung weitergeht, auch wenn schon alle Elemente, die wir zur Verfügung hatten, aufgelöst sind: Die weiteren 4 Auflösungsstufen beziehen sich auf das Bewusstsein, das sich von gröberen in subtilere Bewusstseinsebenen auflöst. Die verschiedenen Ebenen beziehen sich auf verschiedene Ebenen des begrifflichen Denkens. Dabei treten für den Sterbenden folgende Erscheinungen auf:

5. Unser Geist selbst verwandelt sich in eine leuchtend weiße Weite wie Mondlicht, das aber den ganzen Himmel erfüllt.
6. Dann erscheint unser Geist wie eine rote Weite, wie Morgenrot, das den ganzen Himmel anfüllt.

7. Unser Geist verwandelt sich dann in eine schwarze, komplette Finsternis, wie ein Nachthimmel ohne Sternenlicht.
8. Dann erscheint uns das Klare Licht des Todes. Das ist unser eigener Geist, der sich in Klares Licht verwandelt. Es ist die allersubtilste Bewusstseinsebene und erscheint uns wie der natürliche Zustand des Himmels in der Dämmerung.

Große Meister können bis zu zwei Wochen im Klaren Licht des Todes verweilen („Tugdam"), um diese machtvolle, äußerst subtile Ebene des Bewusstseins zu nutzen - im besten Fall, um die Erleuchtung zu erreichen. Der Körper verwest und riecht nicht während dieser Zeit. Erst wenn diese Ebene des Klaren Lichts nicht mehr stabil ist, verlässt das Bewusstsein den Körper. Erst dann ist man gemäß der buddhistischen Auffassung tot.

Natürlich kann ich Ihnen das aus meiner Erfahrung nicht selbst schildern, aber in den Unterweisungen der Lehre des Buddha von großen Meistern wird dieser Prozess beschrieben und auch S.H. Dalai Lama hat in seinem Buch „Der Weg zum Glück" diesen Ablauf geschildert. Er selbst ist die 14. bewusste Wiedergeburt (auf Tibetisch „tulku" genannt) und kennt den Prozess bestimmt in- und auswendig. Er meinte einmal lachend, dass man mit einer Wiedergeburt einen „frischen" Körper zur Verfügung hätte, so wie man ja im menschlichen Leben frische Wäsche anzieht. Das macht doch Mut, oder?

So, nun sind wir doch tot. Und wie geht es jetzt weiter mit uns?

Von uns ist ein sehr subtiles, aber machtvolles Bewusstseinskontinuum übrig. Und dieser allersubtilste Geist ist auch Träger der karmischen Anlagen. Wir werden noch ausführlich über Karma sprechen, aber 2 Punkte möchte ich jetzt schon erwähnen: Karma (skr.) heißt „Handlung, Tat". Gemeint ist das Ursache-Wirkung-Prinzip unserer Handlungen. Wenn wir Gutes tun, werden wir Gutes ernten, wenn wir Negatives tun, werden die Folgen negativ sein.

Auch unsere karmischen Samen brauchen die passenden Umstände, um heranzureifen – das ist manchmal erst in weitaus späteren Leben. Vergleichen wir das mit Sonnenblumen, die wir aussähen: wir werden nur schöne Sonnenblumen haben, wenn auch in passender Menge Sonne und Wasser hinzukommen.

Unsere karmischen Anlagen sind wie Samenkörner in diesem allersubtilsten Bewusstsein gespeichert. Und je nach den passenden Umständen entsteht aus diesen Anlagen eine energetische Vorform des zukünftigen neuen Wesens. Haben wir z.B. das überaus seltene Glück, wieder demnächst eine menschliche Geburt annehmen zu können, würde sich aus der subtilsten Bewusstseinsebene ein menschlicher Energiekörper in der Gestalt eines jugendlich Heranwachsenen bilden. In diesem Zwischenzustand, „Bardo" genannt, verweilt ein Wesen von sehr kurzer Zeit (Sekundenbruchteile) bis max. 49 Tage. Die Bardowesen sehen einander, wir Menschen können sie nicht wahrnehmen. Während dieser Zeit reifen sozusagen die Umstände für die neue Geburt heran. Bleiben wir bei dem Beispiel des zukünftigen Menschen: so würde er/sie die zukünftigen Eltern in der Vereinigung sehen und sich davon bei dem zu seinem Karma passenden Umständen sehr von ihnen angezogen fühlen. Es heißt, dass zukünftige Jungs eifersüchtig auf die Väter sind und sich von den Müttern angezogen fühlen, bei zukünftigen Mädchen verhält es sich anders herum. Das subtilste Bewusstsein tritt im Moment der Vereinigung der Keimsubstanzen ein. Für Buddhisten ist dies die Geburt. Und wieder beginnt ein neues Leben im Hamsterrad unseres Daseinskreislaufes.

Wir sollten jetzt schon einmal anfangen, die Stationen des Auflösungsprozesses ein paar Minuten einzuüben, um uns damit vertraut zu machen.

Hier sind die Zeichen noch einmal, über die wir 5 Minuten meditieren werden:

1. Flimmern/Fata Morgana

2. Rauch

3. Feuerfunken/Glühwürmchen

4 .Licht über flackernder Kerze

5. weißer Himmel

6. roter Himmel

7. schwarzer Himmel

8. Klares Licht

Bestimmt konnte ich Sie überzeugen, dass Sie sich beim Tod nicht gruseln müssen, wenn Sie sich so vorbereiten – denn Sie wissen ja, was mit Ihnen passiert (auch wenn es Ihnen im Sterbeprozess vielleicht nicht völlig bewusst sein wird).

Nächstes Mal wird es allerdings wirklich gruselig – wenn wir uns mit den Höllen in unserem Geist auseinandersetzen. Aber keine Angst, ich werde Sie nicht mit dem Gruselgefühl zurücklassen, sondern Ihnen erzählen, was der Buddha gelehrt hat, um solche Existenzen zu vermeiden.

07 Die Höllen in meinem Geist

Heute möchte ich mit einer kleinen Meditation anfangen, um den Todesprozess noch einmal durchzugehen, bevor wir uns dann die Möglichkeiten der Wiedergeburt in den niederen Bereichen näher betrachten. Und ich hatte Ihnen versprochen, Sie dort nicht mit dem Thema und in den Höllen zurückzulassen, sondern Ihnen zu verraten, was der Buddha lehrte, wie man sich einen Aufenthalt in den niederen Bereichen ersparen kann.

Meditation:

Visualisieren Sie, wie Sie entspannt in Ihrem Bett liegen, schon in einem betagten Alter, mit einem fitten Geist, zurückblickend auf viele schöne Lebenserfahrungen und entspannt im Verhältnis zu denjenigen, die Sie gleich zurücklassen werden. Sie sind allein. Atmen Sie mehrmals tief ein und aus und lassen Sie beim Ausatmen alles heraus, was Sie beunruhigen könnte.

Während Sie sich über Ihr gelebtes Leben freuen und vielleicht feststellen, dass die Sonne durch das Fenster in Ihr Schlafzimmer scheint, merken Sie, dass Sie nicht mehr so gut gucken können. Es flimmert vor Ihren Augen, als ob Sie eine Fata Morgana sehen würden.

Jetzt merken Sie, wie Ihr Mund langsam trocken wird. Auch das Vogelgezwitscher ist nicht mehr so klar wie früher und Ihre Hände spüren die Bettdecke, unter der sie liegen, kaum noch. Alles erscheint Ihnen wie im Nebel oder Rauch.

Vielleicht merken Sie, dass Sie nicht mehr so gut riechen können, und der Rauch riecht nicht nach einem Feuer. Und doch sehen Sie Feuerfunken vor Ihrem geistigen Auge. Hände und Füße werden kalt, nur noch um Ihr Herz herum spüren Sie Wärme.

Nach einem langen letzten Ausatmen bleibt Ihr Atem stehen. Sie sehen ein Licht wie in dem Raum über einer flackernden Kerze.

Kein Außenstehender kann jetzt erfahren, wie sich Ihr Geist verwandelt. Ihnen erscheint Ihr Geist als weißes Vollmondlicht, dann wie ein nicht begrenztes Morgenrot, dann als ob Sie eine absolute Finsternis umhüllt. Nach der Finsternis erscheint Ihnen das Klare Licht des Todes, es ist raumgleich und wie das Licht in der Morgendämmerung. Bitte nehmen Sie die Morgendämmerung zum Anlass, aus der Meditation herauszukommen.

Jetzt sind Sie tot und kommen in den Zwischenzustand, bevor Sie eine neue Wiedergeburt annehmen. Letztes Mal sind wir davon ausgegangen, dass Sie das sehr seltene Glück einer Wiedergeburt als Mensch haben würden. Da das wirklich nicht selbstverständlich ist, müssen wir uns anschauen, wo und als was wir noch wiedergeboren werden könnten.

Damit Sie wissen, welche Daseinsbereiche Sie jetzt für Ihre Wiedergeburt erwarten können, kommen wir nochmals auf den Daseinskreislauf zurück.

Der Vollständigkeit halber möchte ich erwähnen, dass es **drei Daseinsbereiche** gibt:
1. Den Bereich der Begierde
2. Den Bereich der Form
3. Den Bereich der Formlosigkeit

Bestimmt erraten Sie, in welchem Bereich wir uns hier bewegen: im Bereich der Begierde. Die Bereiche der Form und der Formlosigkeit sind meditative Zustände, für deren Besprechung die Zeit hier zu kurz ist. Dafür betrachten wir den Bereich, in dem wir uns meistens bewegen, etwas genauer. Mit seinen vielen Möglichkeiten zu leiden, haben wir allein im Bereich der Begierde schon ein größeres Thema vor uns.

Ich hatte Ihnen bereits verraten (als wir den Daseinskreislauf kurz besprochen haben), dass es drei niedere Daseinsbereiche gibt (Höllen, Hungergeister (Pretas) und Tiere) und 2-3 höhere Daseinsbereiche (Menschen und weltliche Götter, evtl. mit der Unterteilung in Halbgötter und Götter).

Zunächst eine kleine Vorabbemerkung zu allen Daseinsbereichen:

In allen Bereichen sind wir durch unseren Geist gefangen. Wo wir nach dem Tod eine Wiedergeburt annehmen, wird durch unser Karma bestimmt. Obwohl das alles durch unseren Geist bestimmt wird, haben wir auch eine materielle Form. Kneifen Sie sich mal, und Sie merken, dass Sie wirklich da sind. So wie wir andere Menschen sehen können und auch die meisten Tiere, so gibt es auch für die anderen Daseinsbereiche Gebiete mit den entsprechenden Lebensumständen, in denen die Wesen leben. In den Schriften (z.B. im Abhidharmakosha) werden die Gebiete und die Lebensumstände genau geschildert. Jedes Wesen hat in seinem Bereich einen ganz normalen Alltag, den es – so wie wir – für absolut wahr hält. Mit anderen Worten: ein Höllenwesen hält das Leben in der Hölle für genauso wahr wie wir unser Leben als Mensch für wahr halten. Dass wir als

Menschen die Höllenwesen und die Lebensumstände in den Höllen nicht sehen können, zeigt nur, dass unsere Sinne dafür nicht ausgelegt sind. Es heißt aber nicht, dass sie nicht existieren.

Man kann sich die Daseinsbereiche auch wie eine Pyramide vorstellen: ganz unten befinden sich die Höllen (wirklich unterhalb der Erde, zum Erdkern hin), oben die Götter. Die Pyramidenform ergibt sich daraus, dass es ganz viele Höllenwesen gibt und nur ganz wenige weltliche Götter (wir hatten ja schon gesagt, dass es nur wenige Wesen schaffen, eine menschliche Geburt anzunehmen).

Woher kommen all diese Qualen, die Waffen, das Feuer, die Höllenwächter?

Buddha lehrte, dass dies alles der eigene negative Geist ist.

Jetzt spreche ich die ganze Zeit schon von „Wesen". Was ist ein „Wesen"? Ein Wesen ist mit einem Geist ausgestattet.

Heute werden wir die **niederen Bereiche** genauer betrachten. Beginnen wir mit den Höllen.

Im Gegensatz zum Christentum gibt es viele verschiedene Höllen. Wie Sie merken werden, ist die Angebotspalette für Leiden scheinbar unendlich groß.

Um diese Vielzahl einordnen zu können, gibt es im Buddhismus folgende Einteilung von Höllen:

8 heiße Höllen, 8 kalte Höllen, Vorgelagerte Höllen, Gelegentliche Höllen

Die heißen Höllen liegen unter der Erde, zum Erdmittelpunkt hin. Die allerschlimmste, allerunterste Hölle ist die „Hölle der ununterbrochenen Qual", Skr."Avici"-Hölle. Hier sind derartig schlimme Qualen auszuhalten, dass sie mit unseren menschlichen Vorstellungen von Leid nicht mehr erfasst werden können.

Die nächsten Höllenbereiche (darüber) heißen „Extrem Heiß, Heiß, Schauriges Heulen, Heulen, Zermalmtwerden, Schwarze Linien und Wiederbelebtwerden"

Allen heißen Höllen ist eines gemeinsam: die Wesen werden zu Tode gefoltert, dann kommt ein kalter Wind und erweckt die Wesen zu neuem Leben und sie werden wieder gequält (z.B. zwischen Bergen oder Eisenplatten zerquetscht), bis ihre Lebensspanne abgelaufen ist.

Wie lang ist eine solche Lebensspanne?

Auch das ist am übelsten in der Avici-Hölle, je höher man kommt, desto „kürzer" ist die Lebenszeit. In der Avici-Hölle beträgt die Lebensdauer ein „ganzes mittleres Zeitalter". Was bedeutet dies?

Ein mittleres Zeitalter setzt sich aus 4 kleinen Zeitaltern zusammen: Entstehung, Existenz, Niedergang und Nichtexistenz eines Universums. Umgerechnet entspricht ein Dasein in der Avici-Hölle 10^{60} Menschenjahre. Das ist eine 1 mit 60 Nullen! 80 mittlere Zeitalter ergeben übrigens ein großes Zeitalter.

In der Extrem Heißen Hölle muss man „nur" ein halbes mittleres Zeitalter verbringen.

Ich finde, so kann man auch verstehen, dass die Pyramide einen so großen Anteil an Höllenwesen hat: man braucht ewig, bis man da wieder herauskommt und entsprechend voll ist es in diesem Bereich.

Der nächste Bereich sind die Nachbarhöllen: in den 4 Hauptrichtungen jeder heißen Hölle gibt es 4 benachbarte (auch vorgelagerte Höllen genannt) Höllen, z.B. die Hölle „der rasierklingengespickte Weg" oder „der Fluss mit brodelnder Aschelauge". Aus den heißen Höllen kann man nur durch einen Zwischenaufenthalt in einer der jeweils 4 vorgelagerten Höllen herauskommen. Man kann sich das so vorstellen, als ob man einen Park nur durch einen Ausgang verlassen kann. Das ist zwar dann schon besser, aber immer noch extremes Leiden.

Kommen wir zu den 8 kalten Höllen: zunehmend schlimmer werdend heißen sie: die Frostbeulenhölle, die Hölle der geplatzten Frostbeulen, die Zähneklapperhölle, die Ha-Tschih-Jammerhölle, die O-Weh-Jammerhölle, die Hölle mit Hautrissen wie blaue Lotusblüten, die Hölle mit Hautrissen wie rote Lotusblüten, die Hölle mit Hautrissen wie Riesenlotusblüten. Die Höllen kann man sich wie eine Gebirgslandschaft mit Eis und Gletschern vorstellen mit heftigen, kalten Winden, denen man ohne Kleidung, ohne Schutz ausgeliefert ist.

Wie lange dauert so ein Leben in einer kalten Hölle?

In Gampopas „Der kostbare Schmuck der Befreiung" wird der Meister **Vasubandhu** zitiert: „Wenn alle hundert Jahre aus einem Sesam-Silo ein einziger Sesamsamen entnommen wird, ist dann, wenn er entleert ist, die Lebensspanne eines Wesens in der „Frostbeulenhölle" vorüber. In den anderen kalten Höllen ist sie jeweils zwanzigmal länger." Also käme man in der „Hölle mit Hautrissen wie Riesenlotusblumen" auf 1 Mrd.280Mio Speicherleerungen- so beschreibt es Gampopa es weiter.

Dann gibt es noch die gelegentlichen Höllen. Manche dieser Höllen befinden sich in Wüsten, an Flüssen, an vielerlei Orten. Die Lebensdauer dort ist unbestimmt.

Lassen wir die Höllen hinter (eigentlich unter) uns und kommen wir zu den **Hungergeistern.** Sie alle leiden an Hunger und Durst. Von ihnen gibt es 3 Arten:
- a) Solche mit äußeren Hindernissen für Essen und Trinken: z.B. bewegen sie sich auf eine Quelle oder einen See zu – und er entweicht oder sie werden mit Lanzen und Schwertern daran gehindert, ihnen näher zu kommen
- b) Solche mit inneren Hindernissen für Essen und Trinken: z.B. ist ihr Mund so groß wie ein Nadelöhr. Selbst wenn sie Speisen oder Getränke finden, haben sie keine Möglichkeit, diese zu sich zu nehmen.

c) Solche, bei denen die Hindernisse im Essen und Trinken selbst bestehen: dazu gehören z.B. jene, bei denen alles, was sie essen wollen, Feuer fängt und sie verbrennt

Die Lebensspanne dieser Wesen kann 5.000 bis 10.000 Menschenjahre betragen.

Kommen wir zum **Leiden der Tiere**. Immer werden die schwächeren von den Stärkeren getötet, oft sind sie ohne Freiheit (z.B. Eigentum der Menschen), oft werden sie durch schwere Lasten erschöpft, zum Pflügen benutzt, als Nahrung genutzt, gejagt oder in Massentierhaltung gehalten. Da wir die Tiere wahrnehmen können, ist uns ihr Leiden vertraut.

Warum nehmen wir in einem solchen Bereich Wiedergeburt an und wie kommen wir da wieder raus?

Hauptursache für eine Wiedergeburt in einer Hölle ist Hass in unserem Geist. Als Hungergeist nehmen geizige Wesen eine neue Geburt an, als Tier wird man durch Unwissenheit geboren.

Wenn das negative Karma, das zu einer Geburt in dem einen oder anderen Bereich geführt hat, aufgebraucht ist, stirbt man und wird in einem Bereich wiedergeboren, der durch ein anderes Karma hervorgerufen wird. Sie können sich das so vorstellen, dass Sie einen Kredit abgezahlt haben und damit Ihre Schulden (hier: Ihr negatives Karma) abgezahlt haben. Negatives Karma wird durch Leiden (Krankheit, Schmerzen, Geburt in einem niederen Daseinsbereich, schlechte Umstände z.B. Hungersnot für einen Menschen) oder durch Bereinigung abgebaut. Mit anderen Worten: auch Ihre Schmerzen haben einen positiven Aspekt ...

Was können wir tun, um solche Existenzen zu vermeiden?

Ich hatte Ihnen versprochen, Sie jetzt nicht im Regen, genau genommen viel schlimmer, in den niederen Bereichen, stehen zu lassen.

Buddha hat dies bestimmt nicht gelehrt, um uns Angst zu machen, sondern um uns zu zeigen, was wir tun müssen, damit uns ein derartiges Leiden erspart bleibt.

Als Grundlage des gesamten Weges lehrte er die 10 Unheilsamen Handlungen, die es zu vermeiden gilt. Das Gegenteil davon sind die 10 Heilsamen Handlungen, die anzuwenden sind.

Diese 10 Handlungen sollen helfen, Leid in einer Gemeinschaft zu verhindern. Wenn man die 10 Unheilsamen Handlungen begeht, kommen immer Wesen zu Schaden, und dies sollte man verhindern.

Die 10 Unheilsamen Handlungen sind:

3 körperliche Unheilsame Handlungen:
1. Töten (absichtlich einem Wesen das Leben nehmen, egal ob einem Menschen oder einem kleinen Insekt (z.B. Mücke!)
2. Stehlen (den Besitz einer anderen Person ohne deren Einverständnis an sich nehmen, wobei der Wert des Objektes egal ist)
3. Sexuelles Fehlverhalten (z.B. Ehebruch)

4 sprachliche Unheilsame Handlungen:
1. Lügen (andere täuschen)
2. Zwietracht säen (Streit entfachen oder schüren)
3. Grobe/verletzende Worte
4. Sinnlose Rede (über Belanglosigkeiten sprechen)

3 geistige Unheilsame Handlungen:

1. Habgier (etwas unbedingt haben zu wollen, das anderen gehört)
2. Böswilligkeit (der Wunsch, anderen zu schaden)
3. Verkehrte Ansichten (z.B. das Gesetz von Ursache und Wirkung nicht anerkennen)

Gemäß der Aussage des Buddha müssen wir diese 10 Handlungen „nur" aufgeben. Indem wir sie unterlassen, bewirken wir das Heilsame.

Hört sich jetzt so einfach an, ist es aber nicht. Wie schnell verletzen/schädigen wir einen Anderen. Es lohnt sich, sich immer wieder darüber Gedanken zu machen. Und auch über die haarsträubenden Konsequenzen. Wir alle waren schon x-mal in den Höllen und auch ab und an im Götterbereich. Und wahrscheinlich haben wir kaum jemals einen Gedanken darüber gefasst, warum uns das alles widerfährt. Jetzt, als Mensch, haben wir die beste Gelegenheit, das Schlimmste für die Zukunft zu verhindern und auch das Beste für uns zu bewirken. Einfach, indem wir unseren Geist schulen. In der Schule hatten wir Lehrer, die uns Lesen und Schreiben, Physik, Musik und viele andere Fächer erklärt haben. Für die Schulung unseres Geistes haben wir Buddha als Lehrer und wie auch in der Schule, wird alles mit Übung einfacher.

Ich hoffe sehr, dass Sie die Erklärungen zu den niederen Bereichen nicht niedergedrückt zurücklassen, sondern Ihnen die Kraft und die Motivation geben, sich mit dem eigenen Geist auseinanderzusetzen und die Weiche für gute weitere Existenzen zu stellen. Beim nächsten Mal sprechen wir über die Leiden der höheren Bereiche und wie man auch diese verhindern kann.

08 Luxus pur – die Alternative oder doch eine Sackgasse?

Letztes Mal haben wir über die Leiden der niederen Bereiche gesprochen. Jetzt denken wir, dass es nur besser sein kann in den höheren Bereichen. Besser mag es sein, aber ob das die Lösung oder ein Trugschluss ist, werden wir am Ende des heutigen Abends besser beurteilen können. Ich hatte jedenfalls schon verraten, dass man sie auch verhindern kann…

Doch schauen wir erst einmal, worum es in den höheren Daseinsbereichen geht. Dazu werde ich etwas erzählen über den Bereich der Menschen, der Halbgötter und der Götter. Dass die Bereiche Halbgötter und Götter manchmal als nur ein Bereich gezählt werden, lasse ich außen vor.

Über die **drei grundsätzlichen Leiden** im Daseinskreislauf haben wir schon gesprochen:

1. Das Leid des Schmerzes/des Leidens (je nach Übersetzung)
2. Das Leid des Wandels/der Veränderung (je nach Übersetzung)

3. Das allesdurchdringende Leid (unsere Gefangenschaft im Daseinskreislauf)

Und auch über die **Leiden im menschlichen Bereich** haben wir schon besprochen:

Geburt, Alter, Krankheit und Tod

Dennoch sollten wir uns darüber im Klaren sein, dass wir mit einer menschlichen Geburt schon fast das große Los gezogen haben, so selten und kostbar wie sie ist.

An dieser Stelle möchte ich noch einmal ganz bewusst die **8 weltlichen Dharmas** ansprechen, die uns ganz subtil fest im Griff haben und uns an den Daseinskreislauf binden:

Lob und Tadel

Gewinn und Verlust

Ruhm und Schande

Glück und Leid

An die ersteren haften wir an, die letzteren möchten wir nicht erleben und daher um jeden Preis vermeiden. Mit diesen acht Punkten sind wir unser ganzes Leben lang beschäftigt. Sie nehmen uns die Zeit, uns um unser geistiges Potenzial zu kümmern und erschöpfen unsere Energien.

In den niederen Bereichen quält uns hauptsächlich körperliches Leid, in den höheren Bereichen mehr geistiges Leid. Wir Menschen bekommen beides zu spüren: die Krankheiten, den Verfall unseres Körpers mit zunehmendem Alter, aber auch die vier unerwünschten weltlichen Dharmas (Tadel, Verlust, Schande, Leid), die Trennung von dem, was wir wollen und die Tatsache, dass wir mit dem zusammenkommen, was wir nicht möchten. Das einzige, worauf wir uns verlassen können, ist, dass sich alles verändert. Eine andere Sicherheit gibt es nicht.

Kommen wir zum Bereich der Halbgötter.
Der Geist der Halbgötter ist völlig mit dem Neid gegenüber den Göttern beschäftigt. Im Gegensatz zu uns, können sie den Götterbereich sehen. In einer Unterweisung habe ich gehört, dass es in jenem Bereich Bäume gibt, an deren Stamm die Halbgötter kommen, die Früchte aber für sie zu hoch hängen und diese nur die Götter ernten können. Klar, dass die Halbgötter davon nicht begeistert sind, aber sie echauffieren sich völlig im Kampf gegen die Götter. Ihr Geist ist so völlig ausgelastet damit, dass sie nicht dazu kommen, über den Sinn des

Lebens nachzudenken. An eine Befreiung aus dem Daseinskreislauf ist da natürlich nicht zu denken.

Dieser ewige Kampf mit den Neidern, den Halbgöttern, nervt natürlich auch die Götter. **Diese (weltlichen) Götter** (wir sind immer noch in der Betrachtung des Begierdebereiches!) haben ansonsten schon ein tolles Leben: wie ständiger Urlaub, im völligen Luxus, mit allen Sinnesfreuden. Allerdings bleiben sie trotzdem unbefriedigt und erfahren auch das Leid, im Kampf niedergemetzelt oder getötet zu werden. Aber das schlimmste Leid kommt, wenn sie beim Sterben einen abscheulichen Geruch verbreiten, wodurch keiner ihrer Freunde oder Verwandten sie in der Nähe haben will und wenn sie sehen, dass sie in einem niederen Bereich wiedergeboren werden. Logisch, wenn so ein weltlicher Gott sieht, dass er vielleicht als Schwein wiedergeboren wird, kann keine Freude aufkommen. Aber es hilft nichts: der Urlaub im Götterbereich ist vorbei.

Ähnlich ergeht es übrigens den (weltlichen) **Göttern in den Bereichen der Form und der Formlosigkeit:** auch sie fallen im Daseinskreislauf wieder hinab. Auch sie können nicht selbst bestimmen, wo sie wiedergeboren werden möchten. Auch diese Götter sehen kurz vor dem Tod, wo sie nach den Ewigkeiten, die sie leben, jetzt demnächst wiedergeboren werden. Von den Göttern im Formlosen Bereich heißt es, dass sie so lange in Meditation versunken sind (also leben), dass sie gar nicht mitbekommen, wie Universen kommen und gehen. Eigentlich logisch, dass diese körperlose, subtile Form nichts damit zu tun hat, ob sich irgendwo Energie zu Materie verdichtet oder nicht. Aber bestimmt sind sie kurz vor dem Tod, wenn sie merken, dass sie als Schwein wiedergeboren werden, sehr entsetzt, dass es so etwas überhaupt gibt.

Summa summarum können wir feststellen,
- Dass die unteren Bereiche von extremen Leiden geprägt sind und für eine Wiedergeburt überhaupt nicht erstrebenswert sind
- Dass sämtliche Götterbereiche auch nicht frei von Leiden sind und wir mit einer Wiedergeburt im Götterbereich auch nichts gebessert sind
- Wir hier im menschlichen Bereich viele Facetten von Leid erfahren, aber dass wir wenigstens die Chance haben, bewusst etwas Negatives zu unterlassen und etwas Positives zu tun.
- Und da wir uns gerade mit der buddhistischen Lehre beschäftigen, haben wir auch die 8 Freiheiten von mangelnder Muße und die 10 Ausstattungen erlangt

und können im Rahmen dieses kostbaren Menschenlebens die Chance nutzen, diesem leidvollen Daseinskreislauf zu entkommen.

Anders herum ausgedrückt: wenn wir feststellen, dass die höheren Daseinsbereiche auch nicht das Non-Plus-Ultra und damit keine Lösung sind, um aus diesem Hamsterrad herauszukommen, müssen wir dranbleiben, eine Lösung zu finden. Darum sollten wir uns selbst bemühen und nicht nur auf den Buddha verlassen. Nehmen Sie sich ruhig die Zeit zu überlegen, welche Lösungen Sie finden.

Sollten wir dann aber feststellen, dass wir nicht wirklich zu einem besseren Ergebnis kommen, sollten wir uns den Lösungsvorschlag des Buddha genauer ansehen. Der Buddha schlägt vor, dass wir uns ganz aus dem leidvollen Daseinskreislauf befreien und die Buddhaschaft erreichen. Wie die Inkarnationslinien der Dalai Lamas, Karmapas und anderer hoher Meister belegen, scheint das ja auch zu funktionieren.

Einschub: Inkarnationslinien

Seine Heiligkeit Dalai Lama ist aktuell der Vierzehnte. Er ist ein so großer Meister, dass er nicht mehr unfreiwillig im Daseinskreislauf wiedergeboren wird, sondern aus seinem großen

Mitgefühl heraus sich z.B. als Mensch bewusst zu einer bestimmten Zeit, an einem bestimmten Ort in einer bestimmten Form inkarniert. In den ersten Jahren nach der Geburt erinnern sich solche Meister noch an Einzelheiten ihrer vorangegangenen Geburt und können als bewusste Wiedergeburt (tib. „Tulku") identifiziert werden. Dazu gibt es umfangreiche Verfahren.

Bestimmt ist die Frage bei Ihnen aufgekommen, warum wir uns nicht alle an vergangene Leben erinnern können. Wir hatten ja beim Todesprozess gesagt, dass beim Tod unser Körper zu Asche, bzw. Nahrung/Erde wird, aber unsere Gedanken, Emotionen, alles das, was wir gelernt haben, diese Energie ja auch umgewandelt werden muss. Sie kennen es von jedem PC: alles, was Sie tun, hinterlässt Spuren, selbst, wenn Sie es löschen.

Das mit einer Wiedergeburt ist wie bei einem Rechner: die Dateien werden gelöscht (unser geistiger Rechner würde sonst die Grätsche machen bei so vielen Daten seit anfangsloser Zeit), aber Spuren, also äußerst subtile Energien, bleiben nachweisbar. So behalten wir nicht nur unser Karma, sondern auch unsere Vorlieben übrig. Leider sind die Dateien selbst futsch, und wir fangen wieder an, alles lernen zu müssen (Sprachen, Mathe etc.), aber wenn wir in einem vorangegangenen Leben schon sehr viel Erfahrung damit hatten, lernt es sich leichter.

Ein Buddha ist wie ein Systemadministrator: er kann die Spuren lesen und weiß, woran es bei uns scheitert / woran wir erkrankt sind.

Jetzt habe ich „die anfangslose Zeit" erwähnt. Nicht, dass Sie schlaflose Nächte haben, weil Sie wissen möchten, was damit gemeint ist...

Da es viel Zeit kostet, sich den Kopf zu zermartern und kein wissenschaftliches Ergebnis möglich ist zu der Frage, was zuerst da war, das Huhn oder das Ei, und der Buddha nicht erklären konnte, aus welcher Ursache ein Schöpfergott hätte entstehen können, legte er eine anfangslose Zeit fest – völlig pragmatisch eben.

Naturwissenschaftlich hatten wir geklärt, dass wir Energie nicht an- oder ausknipsen können. Buddhistisch gesehen können wir jetzt verstehen, dass der äußerst subtile Wind, die allersubtilste Energie, von uns übrig bleibt, irgendwo hin muss.

Egal, was wir betrachten: es beruht immer auf dem System von Ursache und Wirkung, bei uns bekannt als Kausalitätsprinzip. Es ist so grundlegend wie ein Naturgesetz, weil es auch unserer täglichen Erfahrung entspricht.

Immer geht die Ursache der Wirkung voraus, aber immer ist es eine spezifische Ursache, die eine spezifische Wirkung hervorruft. Es ist die Abfolge zweier Ereignisse.

So kann man aus einer Ursache auf die dazu passende Wirkung schließen. Nicht aber ohne Zweifel durch ein Bündel von möglichen Ursachen von einer Wirkung auf eine Ursache. Z.B. können Sie, wenn Sie feststellen, dass Sie krank geworden sind, nicht immer und/oder nicht ausschließlich auf die Ursache schließen. Manchmal kommen viele Ursachen zusammen (z.B. das eigene schlechte Immunsystem, der Erreger, der Partner, der einen womöglich angesteckt hat, etc.).

Aber eines ist sicher: die Ursache geht immer der Wirkung voraus (wir brauchen also immer einen Zeitpfeil)., so wie die Leiche immer dem Leichenfund vorausgeht ...

Bei unserem nächsten Abend werden wir uns ausführlich mit den Gesetzmäßigkeiten von Ursache und Wirkung beschäftigen – so wie der Buddha sie gelehrt hat.

09 Mücke oder Opa? – Die Grundregeln des Karma

Für heute hatte ich Ihnen versprochen, dass wir uns anschauen, wie Buddha das Gesetz von Ursache und Wirkung und Wiedergeburten begründet. Diesem Thema habe ich die Überschrift gegeben „Mücke oder Opa? – Die Grundregeln des Karma".

Betrachten wir zunächst den Untertitel: Die Grundregeln des Karma. Was bedeutet das Sanskritwort „Karma"? Es bedeutet „Handlung", „Tat" und bezieht sich auf unsere eigenen Handlungen / Taten, die in unserem Geist entspringen und in ihm „karmische Eindrücke" hinterlassen.

Unsere eigenen Handlungen sind unsere Gedanken, unsere sprachlichen Äußerungen und die körperlichen Handlungen und entsprechend, ob diese Handlungen heilsam oder unheilsam oder neutral waren, hinterlassen sie Spuren – „Eindrücke" oder „Samen" genannt, in unserem Geist. Unser Bewusstsein ist neutral. Gern wird es mit einem ungefärbten Stoff verglichen, der die Farbe der Umstände, mit denen er zusammentrifft, annehmen kann. Wenn Ihnen bei einer Weißwäschetrommel ein stark färbendes rotes T-Shirt aus Versehen in die Waschmaschine gerät, sind die ehemals weißen Sachen auch rosa, wenn Sie die Sachen aus der Trommel holen. So können Sie sich das auch mit dem Geist vorstellen.

Unser Geist ist – bewusst wie unbewusst – ständig aktiv und reagiert auf die äußeren Einflüsse. Ruhig und unberührt ist unser ungeübter Geist leider nicht. Ständig findet er etwas, wonach er Verlangen hat - das gilt auch für Kleinigkeiten wie z.B. Appetit auf das, was der Kollege gerade isst, die Zeitschrift, die der S-Bahn Nachbar gerade liest etc. Oder unser Geist hat etwas gefunden, worüber er sich aufregen kann, Ärger oder Wut entwickelt. Auch dies funktioniert schon bei Kleinigkeiten, z.B. im Straßenverkehr oder in öffentlichen Verkehrsmitteln, wenn jemand unbedingt neben einem sitzen möchte, obwohl die U-Bahn noch viele freie Plätze hätte. Ich persönlich finde, dass einem die großen Gefühle von Verlangen oder Ärger eher bewusst werden, aber man doch ein wenig Übung braucht, bis einem diese tagtäglichen Kleinigkeiten bewusst werden. Und diese Kleinigkeiten sind es auch, die die Wäschetrommel unseres Geistes rosa färben, um bei dem obigen Beispiel zu bleiben. Natürlich wäre das Leben zu einfach, wenn wir jetzt nur immer das „Rosa-Problem" hätten. Dass das T-Shirt rot färbt, wissen wir ja nun. Aber da gibt es ja noch andere Sachen in anderen Farben, die uns in die Trommel geraten können und wunderbar färben. Da sollten wir mit Achtsamkeit die Wäschetrommel füllen, damit uns das nicht passiert. Was analog dazu unseren Geist betrifft, müssen wir Achtsamkeit üben, damit in unserem Geist nicht unerwünschte unheilsame Anlagen gelegt werden, denn diese sind es, die Glück und Leid in unserem Leben / in unseren nächsten Leben bestimmen.

Jetzt betrachten wir, wie das alles zusammenhängt, indem wir uns zunächst die Vier Aspekte des Karmagesetzes anschauen.

1. Karma ist definitiv.

Dies bedeutet: bestimmte Handlungen führen zu ganz bestimmten Resultaten.

Grobes Beispiel: wenn Sie Mohnblumen aussäen, werden Sie, wenn Erde, Sonne, Wasser als begünstigende Umstände hinzukommen, irgendwann blühende Mohnblumen haben, nicht aber Sonnenblumen.

Generell bedeutet es, dass aus all unseren heilsamen Handlungen, die wir angesammelt haben, Glück hervorgeht, aus all unseren unheilsamen Handlungen, die wir begangen haben, Leid hervorgeht.

Umgekehrt sind alle Formen von Leid, selbst wenn wir nur leichte Kopfschmerzen haben, aus unseren eigenen unheilsamen Handlungen entstanden. Es ist unmöglich, dass leidvolle Erfahrungen aus heilsamen Handlungen entstehen.

2. Karmische Potenziale vermehren sich

Buddha lehrte, dass sich die karmischen Potenziale stärker vermehren als auf der äußeren Ebene die Pflanzensamen. Aus den Pflanzensamen entstehen Pflanzen, die z.B. Früchte tragen und sich über die Früchte stark vermehren. Das mag viel sein, ist aber doch begrenzt.

Was die karmischen Potenziale betrifft, so verdoppeln sie sich von heute auf morgen, vervierfachen sich bis übermorgen, verachtfachen sich bis überübermorgen usw. Was die heilsamen Handlungen betrifft, so können wir uns darüber freuen, aber leider gilt dies auch für die unheilsamen Handlungen! So haben noch so kleine heilsame Handlungen irgendwann großes Glück zur Folge, unheilsame Handlungen großes Leid. Dies bedeutet für uns, dass wir täglich darauf achtgeben sollten, unheilsame Handlungen, die wir an diesem

Tag begangen haben, zu bereinigen – bevor die Wirkung uns ganz heftig einholt. Wie wir unheilsame Handlungen bereinigen können, werden wir uns später ansehen. Besonders Ärger und Wut zerstören heilsame Potenziale, so dass wir dies auch unbedingt berücksichtigen sollten. Mit anderen Worten: mit Ärger stehen wir unserem nächsten Glück im Weg. Dies war freundlich ausgedrückt. Anders ausgedrückt: alles Negative, was wir ansammeln und nicht bereinigen, lässt uns irgendwann leiden (Krankheiten, Dasein im Höllenbereich etc.) und das müssen wir uns ja nicht antun, wenn wir es vermeiden können.

3. Man kann nicht mit Wirkungen zusammentreffen, die man nicht begangen hat.

Wenn Sie eine unheilsame Tat begangen haben, werden Sie mit der Wirkung irgendwann konfrontiert, nicht Ihr Kind, Ihr Partner oder sonst wer, den Sie vielleicht nicht kennen. Auch nicht Ihr Lieblingsfeind. Auch Ihr Glück haben Sie nur sich selbst zu verdanken.

In der christlichen Tradition kann das der liebe Gott richten. Buddha kann es nicht. Er hat viele Wunschgebete für uns gemacht und er würde uns alles Glück von Herzen gönnen, aber wenn wir nicht selbst die Ursachen für unser Glück legen, kann er uns nicht helfen. Könnte Buddha uns unser Karma abnehmen, wären wir alle längst aus dem Daseinskreislauf heraus und selbst Buddhas. Wenn Karma übertragbar wäre, hätten Sie aber auch die Konsequenzen der anderen Wesen zu tragen ...

An dieser Stelle kurz einen Einschub zu einer karmischen Grundlage, die man gemeinsam schafft. Selbstverständlich ist es möglich, dass man auch in einer Gruppe gemeinsames Karma ansammelt. Das kann in einer gemeinsamen Praxis ein großes heilsames Potenzial schaffen oder auch viel Leid, wenn viele Menschen z.B. an einem Massenmord beteiligt sind. Aber jeder muss selbst seinen Teil der Ursachen dafür angesammelt haben, sonst wird er an der Gruppe nicht teilnehmen.

Ich möchte an dieser Stelle noch erwähnen, dass unsere Welt, unser Universum sich auch aufgrund des gemeinsamen Karma der Wesen manifestiert und auch wir jetzt das seltene Karma teilen, auf einem Planeten und in einer Zeit zu leben, in der ein Buddha gelehrt hat. Viele heilsame Ursachen waren erforderlich, damit ein Leben auf diesem Planeten möglich wurde. Nicht selbstverständlich sind wir nicht zu nah und nicht zu fern von einer Sonne, haben eine Atmosphäre, die uns atmen lässt. Es ist unsere gemeinsame Verantwortung, wie wir mit diesem Planeten umgehen.

4. Karma, das man geschaffen hat, geht nicht verloren

Irgendwie kommt man aus dieser Nummer nicht raus. Einmal angesammelt (egal, ob heilsam oder unheilsam) wartet das Potenzial auf die passenden Umstände, um uns dann damit zu konfrontieren. Die beliebte Lebenseinstellung „wenn ich ein Problem nicht sehe, ist es nicht da" hilft uns da kein Stück weiter, „toter Käfer spielen" auch nicht. Manche Wirkung passt zur Ursache in diesem Leben, aber was uns aus vorangegangenen Leben einholt, wissen wir nicht.

Das ist wie mit der Energie: Sie können Ihre „Karma-Energie" nicht einfach ausknipsen. Das Potenzial bleibt vorhanden, egal, ob mit positiven oder negativen Vorzeichen.

Kommen wir auf die Überschrift „Mücke oder Opa" zurück. Vielleicht haben Sie soeben in alter Gewohnheit eine Mücke erschlagen, die Sie gerade mit Ihrem Stich geärgert hat. Davon abgesehen, dass diese kleine Mücke Sie nicht leer trinken wird, haben Sie gerade einen Mord begangen. Dieses arme Wesen, das mit der Geburt in niederen Tierbereich schon gebeutelt genug ist, haben Sie getötet. Und noch viel schlimmer: jedes Wesen kann Ihr Opa, Ihr Partner, Ihr Freund usw. aus einem vergangenen Leben sein. Während Ihr Geist Ihnen erzählt, das war ja „nur" so eine nervige Mücke, hat der Zusammenhang im Hintergrund eine ganz andere Tragweite. Für Ihr zukünftiges Glück ist es besser, auch Mücken nicht mehr zu erschlagen. S.H. Dalai Lama gab mal in einem Interview den Tipp, Mücken mit der Hand einfach sanft wegzuwischen.

An dieser Stelle möchte ich Ihnen eine **wunderbare Geschichte** erzählen, die die Tragweite im Hintergrund, die wir als Noch-Nicht- Erleuchtete nicht erkennen können, schildert:

Der Heilige **Arya** *Katayana, ein Jünger des Buddha, sah auf seinem Almosengang eines Tages die folgende Szene:*

Eine junge Frau saß mit ihrem kleinen Kind auf dem Schoß und aß einen Fisch, der aus dem See in der Nähe stammte. Vor ihnen auf dem Boden saß ein alter Hund, dem sie die Gräten zuwarf und den sie immer wieder beschimpfte, trat und schlecht behandelte.

Katayana war ein Heiliger mit höheren Wahrnehmungskräften, und er sah, wie diese Situation zustande gekommen war:

Vor Jahren lebte diese Familie an dem See. Die Eltern starben, und der Vater, der Fischer gewesen war, wurde als Fisch in diesem See wiedergeboren. Die Mutter wurde als Hund wiedergeboren, der nun vor der Tochter auf dem Boden saß. Sie, die Tochter, hatte nach dem Tod ihrer Eltern, ein Kind bekommen. Das Kind war die Wiedergeburt eines Mannes aus der näheren Umgebung, der mit ihrer Familie verfeindet gewesen war und eine starke Anhaftung an die junge Frau hatte.

Die Frau aß also den Fisch, der ihr eigener Vater gewesen war, und dem Hund, der ihre eigene Mutter gewesen war, warf sie die Reste, die Gräten, zu, während sie ihn beschimpfte. Dabei liebkoste sie das Kind auf Ihrem Schoß, der der ärgste Feind der Familie gewesen war. Die Mutter der Familie, die als Hund wiedergeboren wurde, fraß nun die Gräten des Fisches, der früher ihr Mann gewesen war.

Der Heilige sah mit Trauer, wie die Verhältnisse im Daseinskreislauf wirklich sind und es erschien ihm lächerlich, die gegenwärtigen Beziehungen im Daseinskreislauf für unabänderlich zu halten.

Wir alle, die wir hier zusammensitzen, wissen ja auch nicht, ob und in welcher Konstellation wir schon Leben miteinander verbracht haben, ob wir schon früher mal in Deutschland gelebt haben und nicht im letzten Leben z.B. Moslem oder Christ gewesen sind. Alles ist Veränderung und solange unser Geist verblendet ist, können wir die Zusammenhänge nicht erkennen. Auch aus diesem Grund, meine ich, macht es keinen Sinn, sich über andere Völker oder Religionen aufzuregen oder sich über sie zu stellen. Wer weiß, ob wir nicht im letzten oder aber im nächsten Leben einer der Ihren waren oder sein werden.

Zusätzlich zu den generellen Überlegungen zum Karmagesetz möchte ich Ihnen ein paar Differenzierungen, die der Buddha gelehrt hat, nicht vorenthalten.

Wir hatten über die 10 Unheilsamen Handlungen bereits gesprochen und auch, dass die Heilsamen darin bestehen, die Unheilsamen Handlungen zu unterlassen.

Also sollten Sie innehalten, wenn Sie merken, Sie würden jetzt die Mücke – wie immer bisher – erschlagen. Sollten Sie diese dann nicht töten, haben Sie eine heilsame Handlung durchgeführt.

Jede der 10 unheilsamen Handlungen kann im Hinblick auf **Vier Aspekte** betrachtet werden, die die Schwere des angesammelten Karma bestimmen:

1. die Grundlage / das Objekt der Handlung
2. die Einstellung
3. die Durchführung
4. der Abschluss

Bleiben wir am besten beim Beispiel mit der Mücke.
1. Die Grundlage ist das Töten eines anderen Lebewesens

2. Die Einstellung

Diese hat 3 Aspekte:
a) Die unterscheidende Wahrnehmung
1. Man hält das Objekt für ein Lebewesen und es ist eines
2. Es ist ein Lebewesen, aber man nimmt es nicht als Solches wahr
3. Es ist kein Lebewesen und man erkennt, dass es kein Lebewesen ist
4. Man nimmt etwas, das kein Lebewesen ist, als Lebewesen wahr (beliebtes Beispiel: man hält ein Seil für eine Schlange)

Bei a) 2. und a) 4. hat man eine getäuschte Wahrnehmung. Die getäuschte Wahrnehmung kommt auch ins Spiel, wenn man A statt B tötet. Dann hat man zwar immer noch das Karma des Tötens angesammelt, aber nicht für die spezielle Person, die man vorhatte zu töten.

Wenn man also die Mücke als Mücke erkennt und sie tötet, hat man die Handlung nach einer korrekten Wahrnehmung begangen.

b) Die Geistesplage, die dieser Handlung zugrunde liegt
   Es kann sich um jede der drei Geistesgifte (Unwissenheit, Begierde, Hass) handeln
c) Die Motivation hier: zu töten

3. Die Durchführung

Egal, ob ich die Handlung selbst durchführe oder jemand anderen damit beauftrage, sammle ich das Karma des Tötens an. Die Natur der Ausführung besteht darin, ob ich Waffen, Gift o.ä. einsetze.

4. Der Abschluss

der Tat tritt ein, wenn in unserem Beispiel die Mücke tot ist.

Eine Handlung gilt als vollständig, wenn alle diese 4 Faktoren vorhanden sind. Mit anderen Worten, wenn ich mir vornehme, die Mücke zu töten und sie fliegt vorher weg, ist die Tat nicht vollständig angesammelt. Das negative Karma für die Grundlage und die Einstellung hat man aber angesammelt!

In den Schriften und auch wenn man an einem Studium des Buddhismus teilnimmt, gibt es noch viele weitere Aspekte und Unterteilungen, die betrachtet werden. So wird man die Wirkungen einiger Ursachen noch in diesem Leben, andere erst in späteren Leben erleben. Auch jetzt, also in diesem Leben, erleben wir das Karma, was wir in vorangegangenen Leben oder in diesem Leben angesammelt haben.

Sollte es Ihnen gerade sehr schlecht gehen, weil Sie z.B. krank sind oder Zahnschmerzen haben, können Sie daran denken, dass damit Ihr negatives Karma abgebaut wird. Das ist doch eigentlich ein guter Aspekt.

Damit haben wir eine große Chance: wir können für unsere Zukunft für mehr Glück sorgen und Leiden vermeiden, indem wir die 10 Unheilsamen Taten unterlassen und die 10

Heilsamen Taten anwenden. Wir können einerseits unsere Achtsamkeit schulen, um das Negative zu unterlassen und wir können das Unheilsame, das wir bisher angesammelt haben, bereinigen.

Was können wir im Vorfeld tun? Warum begehen wir unheilsame Handlungen?

4 Faktoren führen dazu:
1. Unwissenheit: wir wissen nicht, was heilsam und was unheilsam ist und zu welchen Wirkungen es führt
2. Mangelnde Achtung des Gesetzes von Ursache und Wirkung
3. Unachtsamkeit (man achtet nicht auf sein Verhalten)
4. Eine Vielzahl von Leidenschaften im Geist

Mit diesen Faktoren können wir uns im Vorfeld beschäftigen und damit unheilsame Handlungen vermeiden. Über 1+2 haben wir gesprochen, für Punkt 3 wollten wir unsere Achtsamkeit schulen und Punkt 4 müssen wir mit Geistesschulung langfristig angehen.

Aber wie gehen wir mit den unheilsamen Taten um, die wir bereits angesammelt haben? Wie gelingt die Bereinigung?

Das richtige Waschmittel bringt's !!!

Kommen wir auf die 4 Punkte zurück:

1. Wir sind seit anfangsloser Zeit im Daseinskreislauf. Da wir weder wissen, welche karmischen Anlagen wir in den vorangegangenen Leben angesammelt haben, noch welche davon immer noch auf die passenden Umstände warten, um dann aktiv zu werden, sollten wir alles Negative, was wir seit anfangsloser Zeit getan haben, bereuen und bereinigen.
2. Da das karmische Potential so schnell anwächst, sollten wir weder die Bereinigung noch das Ansammeln von heilsamen Potential auf die lange Bank schieben.
3. Der Buddha kann leider nicht unser Karma bereinigen. Das müssen wir selbst tun. Aber er hat uns die Waschanleitung gegeben.
4. Kommen wir auf unsere ursprünglich weiße Wäsche in der Waschmaschinentrommel, die sich rosa verfärbt

hatte, zurück. Wir hatten uns vorgenommen, künftig achtsamer mit der Waschmaschinenfüllung umzugehen (= achtsamer unseren Geist zu beobachten, ob er durch Ärger oder Leidenschaften verfärbt wird). Aber, wenn das nicht geklappt hat und die Wäsche doch verfärbt ist, wie bekommen wir die rosa Wäsche wieder weiß?

Als „Entfärber" können wir die „Vier Gegenkräfte zur Reinigung" anwenden.

1. Die Kraft der Verwerfens (Reue)

Man sollte die bestimmte Tat / die Taten, aber auch alle negativen Taten seit anfangsloser Zeit aus tiefstem Herzen bereuen. Hierbei kann man sich überlegen, wie oft man in all seinen Existenzen schon andere Wesen getötet hat. Man kann auch Reue entwickeln, indem man sich die Wirkungen der negativen Handlungen vor Augen führt.

So denkt man darüber nach, welche Existenzform man in einer Wiedergeburt als Folge der unheilsamen Handlung annimmt (z.B. Töten – Hölle, Geiz – Hungergeist...). Dies wird mit „die vollständig gereifte karmische Frucht" bezeichnet. Oder man denkt über die Umgebung nach, in der man geboren wird, die man als glücklich oder leidvoll erfährt (z.B. Geburt als Mensch in einem Überflutungsgebiet). Diese nennt man die „beherrschte Wirkung". Auch sollte man über die „der Ursache entsprechenden Wirkung" nachdenken, z.B. dass man aufgrund des Tötens selbst nur ein kurzes Leben (vielleicht wird man selbst ermordet) hat und/oder womöglich wieder zu einer solchen Tat tendiert.

2. Die Kraft der stetigen Anwendung von Gegenmitteln

Hierbei gibt es verschiedene Möglichkeiten, mit denen man heilsame karmische Anlagen ansammeln kann:

a) Im Zusammenhang mit dem Lesen tiefgründiger Sutras (Lehrtexte)

b) Meditation über die Leerheit (zur Leerheit kommen wir später)

c) Durch Mantra-Rezitation (z.B. das 100 Silben Mantra von Vajrasattva)

d) Durch Anfertigung von Bildnissen

e) Durch Darbringungen (Stupas, Opfergaben etc.)

f) Im Zusammenhang mit dem Namen der Buddhas (Verehrungsverse)

Da wir noch nicht über religiöse Aspekte gesprochen haben, möchte ich hier erwähnen, dass man Opfergaben, Verehrungsverse etc. nicht darbringt, weil die Buddhas das brauchen, sondern weil man selbst damit Verdienste ansammelt, indem man Wertschätzung äußert.

3. Die Kraft des Abwendens von künftigen unheilsamen Handlungen

Indem man sich bewusst macht, dass man seit anfangsloser Zeit schon viele unheilsame Taten begangen hat und zu welchem Leiden sie führen, fasst man den Entschluss, sie zukünftig nicht mehr begehen zu wollen. Alle Meister empfehlen, diesen Entschluss für einen überschaubaren Zeitraum, z.B. einen Monat, zu treffen. In den Rezitationstexten ist es für immer, aber die Meister empfehlen, zunächst nicht zu lange Zeiträume (am Anfang vielleicht nur für einen Tag) zu wählen, damit nicht auch noch dieses Versprechen bricht...

4. Die Kraft der Stütze

Man muss eine unheilsame Handlung immer dem Objekt gegenüber bereinigen, dem gegenüber man die Tat begangen hat. Hier gibt es eine Zweiteilung: gegenüber dem Buddha/den Bodhisattvas, dem Dharma und der geistigen Gemeinschaft oder gegenüber anderen („gewöhnlichen") Wesen. Vorsicht Falle: unser unerleuchteter Geist kann nicht feststellen, ob das geschädigte Wesen nicht womöglich ein inkarnierter Buddha oder ein Bodhisattva ist! Der Ausdruck „Kraft der Stütze" bezieht sich darauf, dass man sich ja auch auf den Boden stützen muss, auf den man gefallen ist, wenn man wieder aufstehen will.

Durch die Anwendung dieser Vier Kräfte kann man das Leid, das als Wirkung auftreten wird, abschwächen oder – je nach Intensität der Anwendung – ganz vermeiden. Lassen Sie sich diese Perspektive ruhig auf der Zunge zergehen! Sie bietet Ihnen enorme Möglichkeiten!

10 Buddhistische Praxis: Philosophie oder Religion?

Nachdem Sie den Wunsch geäußert haben, etwas über eine korrekte Meditation und eine korrekte Praxis zu erfahren und auch Zeit für eine gemeinsame Meditation haben wollten, komme ich gern diesem Wunsch nach.

Eine Meditation beginnt nicht einfach damit, dass man sich auf ein Kissen setzt, sondern mit einigen Vorbereitungen. Ich finde, sie erhöhen die Vorfreude auf die Meditation.

Ziemlich am Anfang unserer Abende haben wir über die Körperhaltung und die Atmung gesprochen. Das Ganze werden wir aber jetzt etwas ausbauen.

Beginnen wir mit den Vorbereitungen.

Wenn Sie Gäste erwarten, treffen Sie ja auch Vorbereitungen, putzen die Wohnung, kaufen ein, machen sich selbst zurecht.

So beginnen wir hier, indem wir uns aus dem Gefühl der Wertschätzung für den Buddha und seine Lehre heraus einen Bereich zur Meditation herrichten. Wir fangen damit an, diesen Bereich zu säubern.

Dann stellen wir vor uns in die Mitte dieses Bereiches ein Bild oder eine Statue des Buddha und – sofern vorhanden - ein Bild des Geistigen Lehrers (Guru skr./Lama tib.). Bitte stellen/legen Sie Verehrungsobjekte oder Dharma-Texte nie auf den blanken Boden, legen Sie ggf. ein Tuch darunter und steigen Sie nie über diese Objekte.

Sollten Sie sich einen kleinen Altar herrichten wollen, haben Sie mehrere Möglichkeiten. Die zwei Gebräuchlichsten stelle ich Ihnen vor:

Sie können entweder alle 7 Opferschalen mit Wasser füllen oder aber so unterschiedlich füllen, wie folgend aufgeführt. Die Reihenfolge orientiert sich daran, wie man in Indien einen Gast willkommen heißen würde, der einige Zeit auf einem staubigen Weg bei Hitze unterwegs war:

1. Opferschale: Wasser (zum Trinken)
2. Opferschale: Wasser (zum Füße waschen)
3. Opferschale: Blumen
4. Räucherwerk (Weihrauch, Räucherstäbchen)
5. Licht (Butterlampe, Kerze, Teelicht)
6. Opferschale: Duftwasser
7. Nahrung/Speise
8. Klang: Musikinstrument

Die Wasserschälchen werden morgens gefüllt (mit normalem oder Safranwasser) und abends geleert, abgetrocknet und umgekehrt hingelegt.

Was bedeuten diese einzelnen Schälchen?
1. Zum Trinken für das Heilige Objekt (wir laden den Buddha oder Buddhas & Bodhisattvas ein)
2. Zur Reinigung der eigenen Unwissenheit
3. Als Symbol für großes Mitgefühl
4. Als Symbol für ethisches Verhalten/Sittlichkeit
5. Als Symbol für Weisheit
6. Als Symbol für gute Handlung
7. Als Symbol für geistige Nahrung
8. Als Symbol für den Dharma-Klang, der den Geist erweckt

Wenn Sie keine Opferschälchen haben oder mal unterwegs sind, stellen Sie sich diese einfach vor. Wichtig ist die Motivation, die Wertschätzung, nicht ein äußeres Objekt.

Sie können auch jederzeit oder anlässlich der Vorbereitung der Meditation geistgeschaffene Opfergaben darbringen. Z.B.

können Sie sich herrliche Blumen, Sterne, Vasen voller Juwelen, Räucheröfen, üppige Büffets usw. vorstellen, die Sie gern darbringen, weil Sie Erfreuen damit hervorrufen möchten.

Wenn die Opfergaben aufgestellt sind, macht man die Niederwerfungen.

Was bedeutet „Niederwerfung"?

Im tibetischen heißt es „Tschag tsal", wobei „tschag" die Reinigung von allem Unreinen bedeutet, „tsal" die Bitte um alle Tugenden der Buddhas.

Wie macht man eine korrekte Niederwerfung?

Man sollte aufrecht stehen und sich den Buddha / die Buddhas und Bodhisattvas im Raum vor sich vorstellen

1. Die Handflächen werden am Herzen mit den Fingern nach oben aneinandergelegt, die Daumen werden wie ein Juwel dazwischen genommen.
2. Die Hände werden auf den Scheitel gelegt (Buddha hat eine Scheitelerhöhung „Ushniṣa" als Kennzeichen, das möchte man auch erreichen)
3. vor die Stirn (reinigt körperliche Verfehlungen)

4. Vor die Kehle (reinigt sprachliche Verfehlungen)
5. Vor das Herz (reinigt geistige Verfehlungen, z.B. unheilsame Gedanken)
6. Man trennt die Hände
7. Man kniet nieder
8. Man drückt die Stirn auf den Boden
9. Man richtet sich auf
10. Man beginnt wieder mit dem Scheitel

Sollte man auf Hindernisse treffen (z.B. kein Platz, Krankheit, Schmerzen im Rücken, in den Gelenken etc.) kann man auch im Geiste mit tief empfundener Wertschätzung Verbeugungen machen.

Nochmals möchte ich erwähnen, dass die Buddhas nicht unsere Opfergaben und Niederwerfungen benötigen, sie haben kein Ego, das diese Ehrerbietung braucht. Aber wir können damit unsere karmischen Anlagen reinigen und durch diese Verdienste Heilsames ansammeln. Auch werden unser Stolz und unsere Überheblichkeit abgebaut.

Es heißt, je mehr Erdpartikel man bedeckt, desto größer ist der Segen. Dies erklärt, weshalb Tibeter sehr gern die langen Verbeugungen machen.

Es gibt auch sprachliche Verbeugungen: dies sind Lobpreise, die man rezitiert.

Wenn Sie die Opfergaben gerichtet und die Niederwerfungen gemacht haben, nehmen Sie auf dem Meditationskissen oder einem Stuhl Platz.

Wie wir am günstigsten sitzen sollten, hatten wir vor einigen Wochen besprochen, es war in der „Siebenfachen Vairochana-Meditationshaltung".

Machen Sie sich keine Vorwürfe, wenn Sie z.B. nicht im Schneidersitz sitzen können. Dann sitzen Sie eben auf einem Stuhl oder wie immer es Ihnen möglich ist. Wenn Sie krank ans Bett gefesselt sind, müssen Sie auf eine Meditation nicht der Haltung wegen verzichten...

Um den Geist in eine heilsame Richtung zu bringen, sollten Sie eine gute **Motivation** hervorbringen.

Überlegen Sie, warum Sie diesen Weg gehen und hier auf dem Kissen sitzen möchten.

Sie haben jetzt 3 grundlegende Möglichkeiten:
1. Sie möchten eine buddhistische Praxis (z.B. in Bezug auf eine Gottheit) machen

2. Sie möchten ein bestimmtes Thema vertiefen (skr. Vipassana)
3. Sie möchten Ihren Geist in Geistiger Ruhe üben (skr. Shamatha)

Vielleicht möchten Sie Ihrem Geist eine Pause von seinem ständigen Geplapper gönnen und damit etwas Entspannung erreichen. Wenn Sie Ihren Geist dabei auf den Atem, ein heilsames Objekt, wie z.B. eine Buddhastatue, ausrichten und ihn darauf verweilen lassen, werden Sie Ihren Geist in Geistiger Ruhe üben (Shamatha).

Vielleicht möchten Sie ein Thema, wie die Leiden in den unterschiedlichen Daseinsbereichen durchdenken oder überdenken, warum die Geburt als Mensch so kostbar ist, wie der Todesprozess abläuft oder über das Gesetz von Ursache und Wirkung (Vipassana).

Falls Sie sich jetzt fragen, was es bedeutet „eine buddhistische Praxis" zu machen, so möchte ich Ihnen z.B. die Texte zur Bereinigung ans Herz legen. Uns fehlt ja noch das passende „Waschmittel", um unsere verfärbte Wäsche wieder weiß zu bekommen.

Hinweis für die Leser:

Den Gefangenen konnte ich Texte aus dem Tibetisch Buddhistischen Zentrum Berlin mitbringen, da ich im Namen dieses Zentrums in der JVA die Gruppe geleitet hatte.

Sie als Leser würde ich bei Interesse bitten, ein buddhistisches Zentrum zu kontaktieren. Eine Auswahl an Zentren, zu denen ich mich verbunden fühle und die Fernstudien anbieten, finden Sie im Anhang.

Zusammen werden wir zunächst 10 Minuten den Atem betrachten, um unseren Geist zur Ruhe zu bringen und dann uns 15 Minuten mit unserem Karma beschäftigen, indem wir darüber nachdenken, wie viele gute und schlechte Taten wir seit anfangsloser Zeit im Daseinskreislauf bisher wohl angesammelt haben. Bestimmt sind 15 Minuten dafür sehr kurz, aber unsere Zeit heute Abend ist ja begrenzt.

Am Ende der Meditationssitzung widmen wir die durch diese Praxis angesammelten Verdienste. Die Widmung können wir auf das Wohl den anderen Wesen richten oder – im besten Fall dem Erlangen der (unserer) Buddhaschaft zum Wohl aller Wesen. Nur, wenn wir selbst ein Buddha sind, wissen wir, wie wir den Wesen am besten helfen können, ohne ihnen aus Versehen (durch unsere Unwissenheit) zu schaden.

Wenn Ihnen bisher der Buddha sehr pragmatisch vorkam, alles auch mit der uns bekannten Physik erklärbar war und Sie sich auf eine Philosophie eingestellt haben, dann muss Ihnen diese Ausführung über Opfergaben und Niederwerfungen eher wie eine Religion erschienen sein. Auf diesen Punkt möchte ich näher eingehen.

Und somit stürze ich mich bewusst in eine Schwierigkeit: Ich kann Ihnen keine wissenschaftliche Definition für „Religion" geben, denn ich habe sie nicht gefunden. Es gibt ein paar Begriffe, die man damit verbindet, z.B. ein Glaubenssystem, Rituale, Ethik, Gott/Gottheiten, heilige Orte/Gegenstände, manchmal auch Lehrsysteme.

Vielleicht kommen wir mit dem Begriff der Philosophie schneller ans Ziel: Die „Liebe zur Weisheit" (altgriechisch). Aber auch der lässt sich nicht allgemeingültig definieren, denn jeder, der philosophiert, hat seine eigene Ansicht...

Was machen wir jetzt mit den Opfergaben und dem göttlichen Aspekt im Thema Religion?

Buddhismus gilt als eine der größten Weltreligionen. Und sie gilt als atheistisch, weil man nicht von der Existenz eines Schöpfergottes ausgeht, da man die Ursache seiner Existenz nicht erklären kann. Aber Niederwerfungen, Opfergaben, Klöster und Tempel ohne Gott?

Fangen wir beim Buddha an. Dieser verfolgte den wissenschaftlichen Ansatz: So wie ein Goldschmid das Gold sehr genau prüft, bevor er sich an die Arbeit macht, so forderte er auch uns auf, nicht einfach etwas zu glauben, sondern es vorher zu prüfen.

Und er wollte weder Verehrung, noch berief er einen Nachfolger. Er stellte seine Lehre vor, die sollte geprüft und praktiziert werden. Nicht mehr und nicht weniger. Jeder muss selbst entscheiden, ob und wieviel er praktiziert. Buddha kann die Arbeit mit dem eigenen Geist niemandem abnehmen. Im Buddhismus muss man alles selbst tun.

Buddha hat uns das sinnvollste und größte Geschenk gemacht, das es gibt, als er uns die Vier Edlen Wahrheiten gelehrt hat. Wenn wir sie praktizieren, können wir uns aus dem leidvollen Daseinskreislauf befreien. Die Lehre geht vom

Kreislauf der Wiedergeburten aus. Wie wir schon besprochen haben, sind wir auch physikalisch gesehen ein Recyclingprodukt.

Das Hilfsangebot des Buddha an uns ist seine Lehre. Er lehrte die Methoden, wie wir Glück in späteren Leben bewirken können. Dazu gehören zum Einen das Verständnis des Gesetzes von Ursache und Wirkung, zum Anderen die Zufluchtnahme.

Wir haben darüber gesprochen, wie selten die Geburt als Mensch ist und welche einzigartigen Möglichkeiten sie bietet – und darüber, wie schnell wir in die niederen Bereiche fallen und über welche ewigen Zeiträume hinweg wir großem Leiden ausgesetzt sind. Wenn wir jetzt feststellen, dass uns bei einer solchen Perspektive nicht ganz wohl ist, wir keinesfalls ein Leben in den niederen Daseinsbereichen führen möchten und wir Vertrauen zu der Lehre des Buddha haben, können wir Zuflucht nehmen. Durch seine Lehre bietet er den Schutz, nicht in die niederen Bereiche zu fallen.

Aber Vorsicht: wichtig ist, dass die Zuflucht aus vollem Herzen kommt. Überhaupt, egal, ob Sie Niederwerfungen machen, Stunden auf dem Kissen verbringen, teure Opfergaben darbringen oder Reinigungsübungen machen: es muss aus dem Herzen kommen. Dem Buddha dürfte es egal sein, aber Sie machen sich sonst etwas vor und kommen mit Ihrem Geist nicht weiter. Wenn die Motivation nicht stimmt, ist alles bestenfalls nur eine kosmetische Übung, etwas, das unserem Ego schmeichelt, schlimmstenfalls sammeln wir damit negatives Karma an. Statt selbst unser Ego zu beherrschen, überlassen wir unserem Ego die Herrschaft. Und so ist es kein Wunder, wenn wir immer noch im Hamsterrad des Daseinskreislaufs herumlaufen. Manchmal spricht man von Drei Juwelen der Zuflucht, manchmal von vier.

Die **Drei Juwelen der Zuflucht** sind
- Buddha, der uns die Lehre gelehrt hat
- Dharma, die Lehre und somit das eigentliche Zufluchtjuwel
- Sangha, die Geistige Gemeinschaft

Das **Vierte Juwel** ist der Geistige Lehrer (Lama, Guru), der uns näher steht als der Buddha, da er uns direkt führen kann. Wir können ihn fragen und er kann uns den Segen der Überlieferungslinie direkt geben.

Durch die Zufluchtnahme werden wir zum Buddhisten. Sie kann vor einem Meister oder auch direkt von uns zu den Zufluchtsobjekten genommen werden. Die Zufluchtnahme ist ein geistiger Prozess. Sie werden nirgendwo registriert.

Im Sutra des Großen endgültigen Nirvana heißt es:

„Wer zu den Drei Juwelen Zuflucht nimmt,

nähert sich dem wirklich Heilsamen."

Und auch:

„Jemand, der zum Erhabenen Dharma Zuflucht nimmt,
hat sich getrennt von der Absicht zu schaden und zu töten"

Die Zufluchtnahme bedeutet nicht, dass Buddha Sie erleuchtet. Das kann er nicht. Aber wenn Sie das beachten, was er gelehrt hat, also das Unheilsame zu vermeiden, das Heilsame zu praktizieren und den Geist zu zähmen, können Sie nicht mehr in den niederen Daseinsbereichen Wiedergeburt annehmen. Die Entscheidung für diesen Weg ist die Zufluchtnahme.

In den meisten Religionen gibt es Regeln zum Zusammenleben in der Gemeinschaft: bei den Christen die 10 Gebote, bei den

Buddhisten die 10 Unheilsamen Handlungen, die es zu vermeiden gibt. Es gibt Mönchs- und Nonnengemeinschaften. Dies spricht für eine Religion.

Aber: in den meisten Religionen gibt es einen Gott oder Götter. **Ist Buddha ein Gott?** Nein, er ist ein Lehrer. Kleiner Hinweis zur deutschen Terminologie: im Buddhismus gibt es nur weltliche „Götter" (das sind diejenigen im Begierdebereich aufgrund ihres luxuriösen Lebensstils) und „Gottheiten", mit denen verschiedene Buddhas dargestellt werden.

Was unterscheidet den Buddha von einem Gott?

- Buddha hat über viele Leben hinweg, in denen er lebte „wie Du und ich", alle Leidenschaften besiegt und alle Schleier vor der Allwissenheit beseitigt.
- Buddha ist nicht allmächtig (wenn wir seine Hilfe in Form der Lehre nicht umsetzen, kann er uns nicht helfen)
- Er kann uns unser schlechtes Karma nicht abnehmen, nicht bereinigen. Könnte er dies, wären wir alle längst Buddhas. Wir hatten ja schon erfahren, dass nur jeder mit seinem eigenen Karma zusammenkommt.

- Er ist nicht der einzige Erleuchtete. Nur: nicht jeder Buddha zeigt uns, wie man das schaffen kann (die wenigsten Buddhas lehren).
- Auch wir selbst können den Weg zur Erleuchtung gehen und eines Tages zum Buddha werden

Was die Philosophie betrifft, die der Buddha gelehrt hat, so kommen wir bereits an den nächsten Abenden dazu, wenn wir über die 12 Glieder Abhängigen Entstehens sprechen.

Dann können Sie sich selbst entscheiden, ob Buddhismus für Sie eine Religion oder eine Philosophie ist. Vielleicht haben Sie schon eine Religion und überlegen, wie Sie mit dem Buddhismus umgeben sollen. Vielleicht entdecken Sie Gemeinsamkeiten zwischen den Religionen. In jedem Fall ist es nur ein Konzept in Ihrem Geist....

Zwar haben wir heute Abend über die Zufluchtnahme gesprochen. Aber bitte fühlen Sie sich nicht verpflichtet, in die Lehre des Buddha einzutreten! Viel wichtiger als jede Religion ist es, ein gutes, weites Herz zu haben und ethisch unheilsame Handlungen zu vermeiden.

11 Excel und Illusionen – die Trickkiste unseres Geistes

Wir haben schon über die rosa-färbende Wäsche in der Wäschetrommel unseres Geistes gesprochen und darüber, das uns alles nur in unserem Geist so erscheint, also alles rein subjektiv geprägt ist. Nehmen wir dazu noch ein praktisches Beispiel:

Sie haben Karten für einen Konzertabend. Bestimmt machen Sie sich zurecht, fahren zum Veranstaltungsort, stehen an der Garderobe an, wobei Ihnen Ihr Vordermann versehentlich auf den Fuß tritt. Dann kaufen Sie vielleicht ein Programm, suchen Ihren Platz und die Veranstaltung beginnt. Sie hören über längere Zeit verschiedene Töne von verschiedenen Instrumenten. Sie müssen leider nießen und ernten entsetzte Blicke. Nach dem Konzert gehen Sie zur Garderobe und fahren nach Hause.

Was erzählen Sie Ihren Freunden, wie der Abend war? Eine Erfahrung reihte sich an die andere. Unser Geist/Bewusstsein hat jedoch aus den einzelnen Erfahrungen ein großes Stück gebastelt und gemäß unserer geistigen Filter in Form von Erfahrungen aus vergangenen Zeiten eine Färbung (vergleichbar mit dem roten T-Shirt in der Weißwäschetrommel) vorgenommen.

Der Eine hat sich nicht mal einen Gedanken darum gemacht, dass er getreten wurde (diese Erfahrung wurde nicht in das Langzeitgedächtnis aufgenommen), auch die entsetzten Blicke der Anderen, als er nießen musste, haben ihn nicht wirklich berührt. Die Zusammenstellung der Töne der einzelnen Instrumente hat ihn erfreut. Insgesamt war es für ihn ein gelungener Abend.

Der Andere fühlte sich von dem Fußtreter angegriffen (der hätte aufpassen können, ich stand doch hinter ihm, er hat mich nicht wahrgenommen – gut, dass ich dem schroff gesagt habe, dass er hätte aufpassen können), die Töne waren disharmonisch, er hätte andere Instrumente ausgewählt, das Stück melodischer geschrieben. Und dass die Leute ihn so entsetzt angeguckt haben, als er nießen musste! Das kann doch wirklich mal passieren. Er kommt eher ärgerlich nach Hause.

Die verblendete Trickkiste unseres Geistes lässt den Einen das Ganze positiv, einen Anderen das Ganze negativ wahrnehmen. Wie passiert das? Alles, was unserem Geist erscheint, bekommt sein Label / sein Konzept /seine Benennung, gemessen an unserer bisherigen Erfahrung/ Gewöhnung und der damit verbundenen Voreinstellung der Filter und Schubladen in unserem Geist.

Unsere Neigungen und unsere Erfahrungen aus unseren vorangegangenen Existenzen, die zusammen mit den karmischen Anlagen im Kontinuum unseres Bewusstseinsstroms vorhanden sind, geben die Filter für die Schubladen vor, in die unsere neuen Wahrnehmungen einsortiert werden. Wenn Sie seit vielen Leben die Erfahrung gemacht haben, dass Sie niemand beachtet oder dass Sie immer verletzt werden, wird jede neue Erfahrung/Wahrnehmung wieder in dieser Schublade landen. Das ist wie die „wenn-dann" Funktion in einer Excel-Tabelle.

Wenn Sie das erkennen, können Sie die Filterfunktion der Excel-Tabelle Ihres Geistes neu einstellen: das „dann" ist dann nicht mehr ein sich-verletzt-fühlen oder sich zurückziehen sondern z.B. die Überlegung, dass ich mit der Verletzung nicht persönlich gemeint war: der Mensch, der mir auf den Fuß trat, hat ja hinten keine Augen / es war eine Unachtsamkeit seinerseits / es hätte auch jemand anders hinter ihm stehen können, dem er auf den Fuß getreten wäre ...Oder Sie stellen den Filter auf Mitgefühl ein: keiner von uns ist perfekt...

Wenn Sie merken, dass Sie niemand anlächelt, fangen Sie einfach an. Sie werden merken, dass Sie oft ein Lächeln zurückbekommen. Jemand, der mieswurzig aus der Wäsche guckt, wird selten ein Lächeln ernten. So kann man für mehr Freude für sich sorgen.

Auch können Sie nur wahrnehmen, was Ihre Sinneskräfte Sie wahrnehmen lassen und was Ihrem Geist aus Erfahrung und Neigung heraus bekannt vorkommt. Beispiel: wenn Sie nicht italienisch sprechen, werden Sie die Touristen in der U-Bahn in Berlin nicht als Italiener, sondern nur als Ausländer einsortieren können.

Was passiert mit Ihren Wahrnehmungen und Ihren Neigungen/Erfahrungen, wenn Sie demnächst nicht als Mensch sondern als Tier wiedergeboren werden?

Als Biene hat Ihr Sehbewusstsein ganz andere Möglichkeiten und Ihre Neigungen, (zeichnen, Sprachen lernen etc.) kommen in einer späteren Wiedergeburt z.B. als Mensch zum Tragen. Als Biene sind diese Neigungen nur latent vorhanden.

Wie Sie merken, durchläuft unsere Erfahrung viele Filter. Im Buddhismus kann man viele Jahre an den Klosteruniversitäten studieren (tib. „Lo Rig" = der Bereich des Geistes), damit man erkennt, an welcher Stelle uns unser Geist Informationen vorenthält, Informationen in (meist auch falsche) Schubladen sortiert und wie wir ihn – dies erkennend – besser einstellen können. Aktuell beschäftigt sich auch unsere Wissenschaft mit den „Geheimnissen des Geistes" – mit gleichen Ergebnissen (Buddha lehrte vor 2500 Jahren …).

Die falschen Filtereinstellungen in unserem Geist machen zwar einen großen Teil unserer Gefangenschaft aus, sind aber mehr eine Folge als eine Wurzel dafür.

Wenn wir aber die Befreiung aus dem leidvollen Daseinskreislauf anstreben, müssen wir uns die Wurzel ansehen: unsere Unwissenheit über die endgültige Realität.

Wenn wir uns kneifen oder stoßen, merken wir, dass wir existieren. Das stellt niemand in Frage, das ist unsere konventionelle Realität.

Und genau genommen denken wir, dass da ein Tisch, eine Evelyn als Ganzes (teilelos), unabhängig, aus sich selbst heraus existiert – als sei alles so existent, wie wir es gerade sehen.

Fangen wir mit dem Tisch an. Wenn wir ihn sehen, denken wir nicht darüber nach, dass er – sofern er z.B. aus Holz ist – mal ein Baum war, gefällt und geschnitten werden musste. Dann gab es jemanden, der das Holz gekauft hat, es transportieren ließ zu einem Tischler, der ihn zusammengesetzt und dann angemalt hat. Dann begann das Marketing und irgendwo haben wir den Tisch kaufen können. All diese Punkte blendet unser Geist aus. Form und Funktion, dass wir darauf etwas ablegen können, führten zu der Bezeichnung „Tisch". Auch sehen wir nicht, dass er sich von Moment zu Moment verändert. In ein paar Jahren sehen wir vielleicht, dass der Lack irgendwo abgeplatzt ist, aber die Vergänglichkeit ist uns nicht bewusst. Ebenso sind die Teile (z.B. Platte und Beine) für uns selbstverständlich.

Auch dass ich, Evelyn genannt, geformt aus den Keimsubstanzen meiner Eltern, zusammen mit meinen karmischen Anlagen, vielen Neigungen und Konzepten hier sitze und auch von Moment zu Moment älter werde, eine andere Stimmung habe – all das ist uns nicht bewusst (nicht einmal mir selbst).

Wir halten uns, die Anderen und die Dinge, die uns umgeben, für solide, unabhängig aus uns selbst heraus existierend. Hierbei hatten wir festgestellt, dass wir tatsächlich existieren – in einer konventionellen Form, aber in der absoluten Form nicht so solide, unabhängig und aus uns heraus, wie wir dachten. Damit fallen wir auf eine Illusion herein.

So müssen wir feststellen, dass wir unser konventionelles Ich, das ja ohne Frage existiert, falsch begreifen. Die Art, wie wir es wahrnehmen und wie es sich für uns anfühlt, entspricht nicht der Art und Weise, wie es tatsächlich existiert.

Alles, was geschieht, ist das von Augenblick zu Augenblick individuelle, subjektive Erleben von Momenten. Vergleichen wir dies mit einer Linie im Computer. Auf den ersten Blick sieht es wie eine solide Linie aus, es ist aber eine Reihe von zusammengefügten Punkten/Pixeln. Die Linie existiert, aber sie existiert nicht als etwas Solides und Unabhängiges von der Reihe von Punkten. Ebenso existieren wir nicht als etwas Solides und Abgetrenntes von der Reihe von Momenten unserer Erfahrungen.

Im Buddhismus sagt man, wir seien „leer" davon, inhärent (aus uns heraus), teilelos und unabhängig zu existieren. Dem Verständnis der „**Leerheit**" kann man sich intellektuell nähern, aber erst wenn man (z.B. in der Meditation) eine direkte, unmittelbare Erfahrung der Leerheit (der absoluten Realität) macht, unterliegt man nicht mehr den unfreiwilligen Geburten im Daseinskreislauf. Bis zur Buddhaschaft hat man noch ein Stück Weg vor sich, aber es ist schon mal ein Meilenstein.

Zu den weiterführenden Konsequenzen unserer Illusion kommen wir demnächst, wenn wir über die (Un-)Wichtigkeit unseres Egos nachdenken.

12 In welche Falle bin ich da getappt? – Die 12 Glieder Abhängigen Entstehens

Kommen wir auf die Erste Lehrrede des Buddha zurück. Er hat dabei die 12 Glieder Abhängigen Entstehens gelehrt.

Diese 12 Glieder werden in einer Zeichnung / Malerei dargestellt, die auf eine Geschichte aus der Zeit des Buddha zurückgeht. Als der Buddha damals in Rajgir lehrte, war der dortige König Bimbisara dem Buddha sehr zugetan.

Eines Tages erhielt Bimbisara von einem anderen König, Udrayana, ein sehr wertvolles Geschenk. Bimbisara hatte keine Idee, wie er sich angemessen revanchieren könnte und fragte den Buddha um Rat. Der Buddha sah, dass Udrayana zwar noch kein Buddhist war, aber die Veranlagung der Offenheit dafür hatte. Der Buddha ließ daraufhin dieses Bild „das Lebensrad" malen. Udrayana erhielt es von Bimbisara als Geschenk, vertiefte sich in die Bedeutung und erlangte noch in jenem Leben eine hohe spirituelle Stufe.

Der Buddha wies an, dass ein solches Bild vor der Tür jedes Tempels hängen sollte, um auf die Situation im Daseinskreislauf und die Bedeutung der Lehre hinzuweisen.

Es ist wirklich so: Das Rad des Lebens wird am Eingang eines Tempels als Malerei dargestellt. Das Bild, das Sie hier im Buch finden, stammt aus dem Buch „Das Rad des Lebens" von Geshe Thubten Ngawang (S.7, dharma edition).

Beschreibung des Bildes:

Das Wesen, das das Rad des Daseinskreislaufs (Sanskrit: Samsara) in den Klauen hält, ist Yama, der Herr des Todes. Die Wesen sind im Kreislauf von unfreiwilligem Tod und Wiedergeburt gefangen.

Frei vom Samsara steht in der rechten oberen Ecke der Buddha und zeigt zum Vollmond, dem Symbol für die Befreiung, und auf einen Vers.

Im äußersten Kreis befinden sich die 12 Glieder Abhängigen Entstehens, dargestellt in 12 Bildern.

Weiter innen sind die 5 bzw. 6 Daseinsbereiche (je nachdem, ob Götter und Halbgötter zusammen oder getrennt dargestellt werden)

Zum Zentrum hin gibt es ein weißes und ein schwarzes Feld, in dem Wesen im Daseinskreislauf auf- und abgehen (befleckte Handlungen) und im Zentrum werden die Geistesplagen (als Tiere) dargestellt.

Mit der Darstellung des Rades des Lebens gibt es die folgenden

Entsprechungen zu den Vier Edlen Wahrheiten:

1. Die Edle Wahrheit des Leidens

Wird dargestellt durch die 5 bzw. 6 Daseinsbereiche (Götter/Halbgötter, Menschen, Tiere, Hungrige Geister, Höllenwesen)

2. Die Edle Wahrheit vom Ursprung der Leiden

Sie umfassen die Geistesgifte und die befleckten Handlungen.

Diese werden dargestellt
- als Schlange für den Hass
- als Hahn für die Begierde
- und als Schwein für die Unwissenheit.

Alle drei beißen sich gegenseitig in den Schwanz, was symbolisiert, dass sich die Geistesgifte gegenseitig verstärken.

Die befleckten Handlungen (entstanden aus Karma und Leidenschaften) werden dargestellt durch die hinaufgehenden Wesen, die heilsame Taten begangen haben und die hinablaufenden Wesen, die unheilsame Handlungen begangen haben.

3. Die Edle Wahrheit vom Aufhören des Leidens

Wird symbolisiert durch den Vollmond

4. Die Edle Wahrheit vom Pfad

Wird symbolisiert durch den Buddha und die Verstafel, die vom Buddha selbst veranlasst wurde.

Den Text des Verses zitiere ich auch aus „Das Rad des Lebens" Geshe Thubten Ngawang, dharma edition

„Beginne und wende Dich ab.
Trete ein in die Lehre des Buddha.

> Wie ein erboster Elefant die
> Bambushütte zertrampelt.
> So zerstöre die Kräfte des
> Herrn des Todes."

> „Wer sich mit großer Achtsamkeit
> in der Lehre der Disziplinierung übt,
> wird den Kreislauf der Geburt
> ganz aufgeben und den Leiden
> ein Ende bereiten."

Wende Dich ab bedeutet hier, dass man sich von den Annehmlichkeiten des Daseinskreislaufs abwenden möge („Entsagung"). In die Lehre des Buddha tritt man ein, indem man die drei Höheren Schulungen der Ethik, Konzentration und Weisheit übt.

Die Bambushütte steht hier für das Haus des Herrn des Todes (Daseinskreislauf und dessen Ursachen), er selbst für die inneren Faktoren, die den Tod bewirken.

Beschreibung der 12 Glieder:

1. Unwissenheit

Symbolisiert wird die Unwissenheit durch einen Blinden, der durch die Welt tapert.

Beim letzten Mal haben wir uns sehr ausführlich über die Unwissenheit unterhalten, darüber wie wir über die endgültige Existenzweise der Phänomene, die Leerheit von einem eigenständigen Wesen, getäuscht sind.

2. Gestaltende Tat

Auch sprachen wir schon darüber, dass eine Tat, die man mit Körper, Rede oder Geist begeht, einen Impuls / einen Samen setzt. Dieser kann heilsam sein, indem man z.B. anderen hilft, oder unheilsam durch eine der 10 unheilsamen Handlungen, die man begeht.

Dargestellt wird sie durch einen Töpfer. Seine Scheibe, einmal durch einen Impuls angestoßen, dreht sich weiter und weiter.

3. Bewusstsein

Hierfür wird ein Affe dargestellt, ein Tier, das als immer aktiv gilt. Gemeint ist hier unser Geistiges Hauptbewusstsein, kein Sinnesbewusstsein, denn es bezieht sich auf die karmische Anlage, die die soeben verübte gestaltende Tat in unserem Bewusstsein hinterlassen hat.

4. Name und Körper

Als Bild wird ein Mensch in einem Boot dargestellt. Das Boot steht für den neuen Körper, den man bei der Empfängnis annimmt, Name (hier: Mensch) für die geistigen Faktoren. Im Bereich der Formlosigkeit gibt es keinen Körper, da bezieht sich das Feld nur auf die geistigen Faktoren, hier als Name bezeichnet.

Unwissenheit (1), Gestaltende Tat (2) und Bewusstsein (3) werden als hervorrufende Ursachen bezeichnet. Die davon hervorgerufenen Wirkungen beziehen sich auf Name und Körper (4), Sechs Sinneskräfte (5), Berührung (6) und Empfindung (7).

5. Sechs Sinneskräfte

Die Abbildung zeigt ein leeres Haus mit 6 Fenstern und symbolisiert die 6 Sinneskräfte, die im Mutterleib ausgebildet werden (Seh-, Gehör-, Geruchs-, Geschmacks-, Tast- und geistiger Sinn).

6. Bewusstsein

Das Bild zeigt ein Paar in Vereinigung und symbolisiert, dass die Entwicklung des Fötus so weit vorangeschritten ist, dass Sinnesobjekte und Bewusstsein in Kontakt treten und Veränderungen der Objekte bewusst wahrgenommen werden können.

7. Empfindung

Das Bild zeigt einen Pfeil im Auge und symbolisiert das Erleben von Befriedigung, Qual oder Indifferenz in der Phase der körperlichen und geistigen Entwicklung, wenn man sich der Ursache der Empfindungen, wie z.B. Nahrung, bewusst wird.

8. Verlangen

Das Bild zeigt einen gierigen Biertrinker es symbolisiert das Verlangen, das meist im Tod auftritt, nach einem neuen Körper, um von angenehmen Empfindungen nicht getrennt zu sein. Das für eine neue Geburt im Bewusstsein gelagerte karmische Potential reift heran.

9. Ergreifen

Das Bild zeigt einen Affen, der Früchte pflückt. Das Verlangen nach einer neuen Existenz wächst sehr stark an und sorgt dafür, dass sich das karmische Potential für eine neue Existenz entfaltet.

10. Werden

Das Bild zeigt eine schwangere Frau. Es bedeutet, dass das karmische Potential für eine neue Geburt herangereift ist und das Wesen in den Zwischenzustand eintritt. Der zukünftige Daseinsbereich ist bereits entschieden.

Die Faktoren 8-10 (Verlangen (8), Ergreifen (9) und Werden (10) werden als verwirklichende Ursachen bezeichnet. Sie treten im Tod auf.

11. Geburt

Das Bild zeigt eine gebärende Frau. Ein Wesen im Zwischenzustand verlangt nach einer Wiedergeburt und tritt in die Keimsubstanzen von Vater und Mutter im Moment der Empfängnis ein. Geburt ist im Buddhismus der Eintritt des Bewusstseins in die Keimsubstanzen, nicht der Austritt aus dem Mutterleib. Die Zeichnung ist aber so einfacher zu verstehen.

12. Alter und Tod

Auf dem Bild ist ein Leichenträger zu sehen. Der Prozess des Alterns beginnt im Moment nach der Empfängnis und endet dann mit dem Tod.

Die Faktoren Geburt (11) und Alter und Tod (12) werden als verwirklichte Wirkungen bezeichnet.

Zwischen Tod und Empfängnis liegt der Zwischenzustand (tib. Bardo) , in dem sich das aus dem alten Körper ausgetretene Bewusstsein unter dem Einfluss des heranreifenden Potentials mit Hilfe eines subtilen Körpers zu seinem nächsten Dasein bewegt.

Noch während man die Wirkungen in einem Zyklus erlebt, sammelt man aufgrund von Unwissenheit neue Taten an, die neue Zyklen in Gang setzen.

Das Wissen um die 12 Glieder Abhängigen Entstehens bildet die Grundlage für zwei wichtige Meditationen:

- ausgehend von der Unwissenheit und den Folgen daraus: Für das fälschlich vorgestellte Selbst entstehen Begierden für das, was uns angenehm erscheint und Abneigung gegen das, von dem wir meinen, dass es uns schädigen würde. Da uns jetzt die Folgen daraus bekannt sind, sollten wir uns achtsam verhalten, um nicht unheilsame Anlagen zu setzen
- Oder man meditiert über die Möglichkeit, sich aus dem Daseinskreislauf zu befreien, indem man der Unwissenheit ein Ende setzt und damit die Leidenschaften und die karmischen Anlagen zerstört und in der Folge alle 12 Glieder auflöst.

13 Buddha & wir: gibt es eine Verbindung? Die Vorteile der Buddhanatur

Nach dem letzten sehr stoffreichen Abend, ist heute das Thema etwas entspannter. Wir sprechen über die Frage, ob es eine Verbindung zwischen den Buddhas und uns gibt.

Fangen wir mit der Verbindung an: Buddhas und wir haben einen Geist. Der Geist wird definiert als klar und erkennend, seine Natur ist Klares Licht. Übrigens: auch der Geist ist leer davon, ein Eigenwesen zu sein...

Hört sich toll an, aber was will uns das sagen?

Stellen Sie sich diesen Geist wie verunreinigtes Wasser vor. Das Wasser als Solches ist klar. Manchmal ist es jedoch schmutzig oder schlammig und trotzdem ist die Klarheit des Wassers vorhanden. Ohne das klare Wasser könnte es kein verschmutztes Wasser geben. Die Natur des Wassers ist also nicht potentiell klar, sondern immer klar, auch wenn es verschmutzt ist. Der Schmutz ist nicht die Natur des Wassers.

An anderer Stelle hatten wir schon einmal das Himmel/Wolken Beispiel. Unser Geist ist wie der Himmel. Die Wolken verdecken ihn mitunter, sind aber nicht die Natur des Himmels. Der ist ja auch da, wenn Wolken davor sind.

Leider vergessen wir mitunter, die Klarheit des Wassers trotz der Verschmutzungen oder den klaren Himmel trotz der Wolken zu sehen. Unerleuchtet funktioniert unser Geist auf groben Ebenen, deshalb werden uns subtiler Aspekte nicht bewusst.

Fazit: Sowohl die Buddhas als auch wir haben einen klaren und erkennenden Geist, der von der Natur des Klaren Lichts ist. Dies bezeichnet man als „Buddhanatur".

Dadurch, dass der Geist kein Eigenwesen hat, ist er veränderbar. Das ist unsere Chance. Einen glücklichen Moment halten wir für wahrhaft existent. Wir übersehen normalerweise, dass dieser glückliche Moment durch viele Ursachen und Umstände zusammengekommen ist, dass er sich aus Bruchteilen von Momenten zusammensetzt und vergänglich ist. Genauso wie der glückliche Moment in unserem Geist ist der Geist leer davon, teilelos, unabhängig und aus sich heraus zu existieren.

Was unterscheidet uns von den Buddhas?

Um bei den Beispielen zu bleiben: Wir müssen die Wolken auflösen bzw. den Schlamm aus dem Wasser entfernen. Zu gut Deutsch: wir müssen unsere Leidenschaften überwinden und die Allwissenheit erreichen. Anders haben es die Buddhas auch nicht gemacht. Was wir dafür tun müssen, hat uns der Buddha erklärt und wir haben es auch schon besprochen.

Dies bedeutet, dass wir den Geist eines Buddha, die Buddhanatur – benannt nach dem Resultat- nicht erreichen müssen, denn der klare und erkennende Geist ist immer – seit anfangsloser Zeit - vorhanden. „Nur" die Verschmutzungen müssen wir beseitigen. Derjenige, der alle Verschmutzungen beseitigt hat, ist ein Buddha. Im Gegensatz zu uns, hat ein Buddha seine spirituelle Entwicklung vollendet.

Das Gute daran ist auch, dass, egal, wie viele Wolken am Himmel vorüberziehen, der Himmel selbst davon unberührt bleibt – oder anders ausgedrückt: egal, wie sehr unser Geist verdunkelt ist, die Buddhanatur bleibt davon unberührt.

Sind alle Buddhas gleich?

Nein. Alle haben die Buddhaschaft erreicht, sie sind von einer Natur, haben die gleichen Qualitäten und üben die gleichen Heilsaktivitäten aus. Aber jeder Buddha hat sein „eigenes" Kontinuum einzelner Bewusstseinsmomente, seinen eigenen Weg zur Buddhaschaft. Jeder Buddha hat auf seinem Weg zur

Buddhaschaft andere Wunschgebete gemacht, wie er/sie (die Buddhaschaft ist ein geistiger Zustand und daher geschlechtsunabhängig) den Wesen helfen möchte. Es gibt nur Individuen, keine universelle Person, in der sich alle auflösen.

Außerdem nimmt der Geist eines Buddha die Veränderung aller unbeständigen Phänomene wahr. Dies verändert auch den Geist eines Buddha, d.h. er bleibt nicht mit dem Moment der Buddhaschaft geistig stehen. Die Grundthese im Buddhismus, dass sich alles verändert, trifft also auch auf die Buddhaschaft zu.

Meditation:

Dass wir alle die Buddhanatur in uns tragen, ist eine wichtige Information. Sie ist so wichtig, dass S.H. Dalai Lama das Buch „Die Buddhanatur" diesem Thema gewidmet hat. Selbstverständlich habe ich einige Gedanken daraus aufgegriffen – in der Hoffnung, dass mein Geist sie richtig verstanden hat.

Wir haben schon lange nicht mehr gemeinsam meditiert und sollten heute die Gelegenheit der Kürze dieses Themas nutzen, etwas darüber zu meditieren. Wir sind schon Buddhas – nur die Wolken bzw. der Schlamm hindern uns, unsere Natur eines Buddha zu leben. Alle Buddhas waren früher Wesen wie Sie und ich. Sie sind durch Höllen gegangen, haben grausame Taten begangen, haben sehr viel Mitgefühl gehabt und heilsame Taten begangen und haben über viele Leben ihren Geist bis zur Buddhaschaft geschult. Jeder von uns kann es auch schaffen, wenn wir an unserem Geist arbeiten. Im Buddhismus sitzt der Geist im Herzen. Wir brauchen ein großes Herz – ganz viel Liebe zu allen Wesen – und einen weiten Geist, den wir an Heilsames gewöhnen. Wenn wir dann die unheilsamen karmischen Anlagen bereinigen und den Geist schulen, ist das Wasser frei von Schlamm, bzw. der Himmel frei von Wolken und wir haben unsere Buddhanatur freigelegt.

Lassen Sie uns zunächst zehn Minuten über unsere Verbindung zu den Buddhas und unsere Buddhanatur meditieren.

Tragen wir kurz zusammen, was wir bisher gehört haben, wie wir die Verdunklungen beseitigen können:
- Da gab es schon im Vorfeld die Möglichkeit, achtsamer in seinem Verhalten zu sein,
- dann gab es die Notwendigkeit, die 10 unheilsamen Handlungen zu vermeiden

- es gibt die Möglichkeit, durch Vermeiden der 10 unheilsamen Handlungen diese in die 10 heilsamen Handlungen umzuwandeln (z.B. bewusst zu vermeiden, die Mücke zu erschlagen).
- „wenn es doch passiert ist", gibt es die Möglichkeit, die Gegenmittel anzuwenden

Auch darüber sollten wir weitere zehn Minuten meditieren.

Dann können Sie den festen Entschluss treffen, sich weiterhin auf diese Reise zur Befreiung zu begeben und weitere zwei Minuten konzentriert in diesem Entschluss verweilen.

14 Wie wichtig bin ich eigentlich? Mein geliebtes Ego und die Anderen

Es ist an der Zeit festzustellen, wie wir uns im Verhältnis zu den Anderen positionieren und wie wir ihnen gegenübertreten.

Am besten ist es – glaube ich –, wenn wir einfach mal zusammentragen, was wir bisher herausgefunden haben:

Fakt 1:

Wir müssen schon in vergangenen Leben sehr viel richtig gemacht haben und sehr viel gutes Karma angesammelt haben, sonst hätten wir nicht gerade diese überaus seltene und sehr **kostbare Wiedergeburt als Mensch** erlangt. Darüber können wir uns sehr freuen!!! Auch darüber, dass wir auf die buddhistische Lehre gestoßen sind, die uns die Möglichkeit bietet, darüber nachzudenken, warum wir hier sind und wie wir uns aus dem Hamsterrad des Daseinskreislaufs befreien können, wenn wir möchten.

Fakt 2:

Unsere geistigen, sprachlichen und körperlichen Handlungen rufen **karmische Anlagen/Eindrücke** hervor, deren Wirkungen wir erfahren. Dies haben wir ausführlich besprochen.

Fakt 3:

Unser Bewusstsein nimmt nicht neutral alle Eindrücke auf, sondern beurteilt, gemäß unserer vorangegangenen Erfahrungen und Gewohnheiten, was es aufnimmt und ob und wenn ja, wie der Eindruck abgespeichert werden soll. So endet alles **subjektiv.**

Fakt 4:

Aufgrund der subjektiven Beurteilung neigen wir dazu, unsere Umwelt in angenehm und hilfreich oder unangenehm und schädlich einzuteilen. **Ich & Mein** nehmen dadurch einen hohen Stellenwert für uns ein.

Fakt 5:

Unsere Unwissenheit über diese **grundlegende Täuschung unseres Geistes** und das angeborene Gefühl, aus uns selbst heraus (inhärent) und unabhängig zu existieren führen dazu, uns so wichtig zu nehmen, dass wir uns über andere erhöhen und dass wir an dem fallenartigen Gesellschaftsspiel der „**Acht weltlichen Dharmas**" teilnehmen. Sie erinnern sich? Damit möchte man Lob/Anerkennung, Ruhm, Freude und Gewinn (finanziell und andere Besitzaspekte) und keinesfalls Tadel/Missachtung, Schande, Leiden und Verlust. Im Normalfall verbringen wir unseren Alltag damit, unser Ich auf der Gewinnerseite durch das Leben zu bringen. Das Ganze wird karmisch schnell negativ, wenn es auf Kosten oder Nichtachtung anderer läuft.

Fakt 6:

Indem wir versucht haben, unser Ich zu finden, mussten wir erfahren, dass wir zwar auf der **konventionellen Ebene** existieren – sonst würden Sie mich jetzt ja nicht sehen -, aber auf der absoluten Ebene etwas Benanntes sind und sich unser Ich auf der **absoluten Ebene** nicht finden lässt. Im Gegensatz zu unserem angeborenen Gefühl existieren wir nicht aus uns selbst heraus, unabhängig und teilelos.

Fakt 7:

Aber: sowohl auf der körperlichen Ebene, allein schon durch die schweren Elemente aus den vergangenen Sternen, als auch auf der geistigen Ebene, der Buddhanatur, sind wir alle miteinander verbunden. Und das betrifft nicht nur uns Menschen, sondern alle Wesen im Daseinskreislauf.

Was machen wir jetzt daraus?

Erinnern Sie sich an die Szene im Konzerthaus? An den armen Menschen, dessen Abend so schlecht verlaufen ist, weil ihm der Vordermann an der Garderobe versehentlich auf den Fuß getreten hat?

Uns schwant, dass wir Geduld haben sollten mit solchen Menschen, deren Bewusstseinsfilter auf „der greift mich an" eingestellt sind. Aber geht es uns anders? An manchen Tagen vielleicht, an anderen nicht. Also auch mit uns sollten wir Geduld haben! Zwar haben wir erkannt, welche Falle sich da auftut, aber wir sind seit anfangsloser Zeit daran gewöhnt, in diese Falle zu fallen. Bewusst nicht hineinzufallen, braucht schon etwas Zeit.

Die ganze Zeit haben wir uns jetzt darüber unterhalten, was unser Geist macht, wie wir in diese Falle tappen, wie wir leiden, was wir tun können, um aus diesem Gefängnis zu kommen. Alles haben wir bisher auf uns bezogen. Ist ja auch gut so, denn wir müssen verstehen, was in unserem Geist vor sich geht und wie wir ihn zähmen können, bevor wir uns damit beschäftigen, wie es den Wesen um uns herum geht.

Aber warum sollte es uns interessieren, wie es den Anderen geht?

Dieses Thema sollten wir jetzt näher betrachten.

Wir Menschen sind jetzt dabei, auf die Anzahl von 8 Milliarden zuzusteuern. Im Eiltempo versteht sich. Erinnern Sie sich an die Pyramidenform der Wesen im Daseinsbereich? Da gab es in unserem sinnlichen Bereich an der Spitze einige wenige weltliche Götter. Gleich darunter kamen die Menschen. Also ein paar mehr. Unter uns war der Bereich der Tiere dargestellt. Ich weiß gar nicht, ob sich deren Anzahl noch beziffern lässt. Denken Sie nur mal an die Menge der Insekten! Darunter sind die Hungergeister. Und an der Basis befinden sich die Höllenwesen. Kein Wunder, dass dort die größte Anzahl der Lebewesen weilt – sie sind extrem lange Zeiträume dort.

Und mit all jenen sind wir verbunden. Auch wir haben in all unseren Leben alle Bereiche schon viele Male durch. In der buddhistischen Lehre sagt man, die Berge unser vorangegangenen Knochen seien höher als der Mt. Everest, unsere bisher geweinten Tränen würden Ozeane füllen. Durch unsere vielen Wiedergeburten waren wir schon mit allen verwandt, befreundet, verfeindet oder einfach nur flüchtig Bekannte. Auch ist nicht jemand immer Mensch, Freund oder immer Feind, nicht immer Buddhist, nicht immer männlichen oder weiblichen Geschlechts, nicht immer Bürger des gleichen Landes.

Fazit: wir sind nur ein Mini-Rad in diesem gesamten Getriebe und können trotzdem für das Getriebe viel Gutes tun oder es schwer schädigen. Was wir daraus machen, hängt allein von uns ab. Es ist unsere Verantwortung, was wir mit und in diesem Leben machen.

Und da wir nicht unabhängig von anderen existieren, sind wir selbst in kleinen Dingen von anderen abhängig. Stellen Sie sich vor, Sie möchten Kartoffeln essen. Dann muss es jemanden geben, der sie angebaut hat. Gut, vielleicht haben Sie Kartoffeln in Ihrem Garten, dann hat Ihnen jemand netterweise den Garten verkauft oder vererbt. In einer Großstadt wie Berlin ist es bestimmt häufiger, die Kartoffeln im Supermarkt zu kaufen. Es reicht nicht, dass jemand Kartoffeln angebaut hat, sie müssen ja noch an den Supermarkt verkauft werden und zu dem Supermarkt transportiert werden. Dass sie bestimmt auch noch vorher gewaschen und in Netze oder Plastikbeutel verpackt werden, kommt auch noch hinzu. Außerdem könnten wir keine Kartoffeln hier in Europa essen, wenn sie nicht netterweise Francisco Pizarro bei der Eroberung des Inkareiches (Peru) Kartoffeln kennengelernt hätte. Dies war ein winziges Beispiel, aber für alles können sie so eine Kette nachverfolgen.

Und dass es uns nicht gäbe, wenn unsere Eltern nicht zusammengekommen wären und uns versorgt hätten, versteht sich von selbst.

Wie kommen wir bei all dem eigentlich darauf, dass wir der Mittelpunkt der Welt sein könnten?

Ich schätze, wir betrachten die Welt zu klein: wenn es nur uns darin gibt, ist es kein Wunder, wenn wir der Mittelpunkt sind. Aber wenn wir unseren Geist öffnen und einen größeren Ausschnitt der Welt betrachten, kann der Mittelpunkt woanders sein und wir werden weniger wichtig. Klar, dass sich unser Ego darüber nicht freut. Und plötzlich merken wir, dass nicht nur wir Gefangene dieses leidvollen Daseinskreislaufs sind, sondern auch alle anderen Wesen. Unsere eigene Unwissenheit hält uns gefangen. Und solange wir nicht die Befreiung erlangt haben, leiden wir. in unterschiedlicher Stärke und Dauer, in unterschiedlichen Aspekten und unterschiedlichen Leben.

Aber wer sind diese Wesen, die uns schon so viel Gutes getan haben, die die Kartoffeln angebaut haben, die wir essen, das Haus gebaut haben, in dem wir wohnen, die Straße, auf der wir fahren oder das Handy gebaut haben, das wir nutzen (oft nicht unter besten Arbeitsbedingungen)? In der buddhistischen Lehre sind es unsere Mütter, denen wir das meiste Gute verdanken. Hier im Westen gibt es viele, die mit Eltern ein Problem haben. Wenn es so sein sollte, denken Sie einfach an ein anderes Wesen, das Ihnen viel Gutes getan hat. Das kann die Omi sein, ein guter Freund – oder z.B. auch ein Delfin, der mit seiner Nase eine ertrinkende Frau an die Wasseroberfläche gestupst hat. Jedenfalls ein Wesen, dem Sie von Herzen alles Gute wünschen.

Wenn Sie diesem lieben Wesen von Herzen alles Gute wünschen und sehen, dass es leidet, möchten Sie es im Regen stehen lassen, während Sie für sich das Ende des Leidens anstreben, in dem Sie für sich die Buddhaschaft erreichen möchten?

So richtig fair wird Ihnen das sicherlich nicht vorkommen und Sie werden das Gefühl haben, etwas egoistisch zu sein. Aber was können Sie tun? Nicht mal der Buddha kann die Wesen erleuchten, was sollten Sie also tun können?

Buddha kann uns nicht erleuchten, er kann uns „nur" den Weg zeigen. Die Arbeit an unserem Geist kann er uns nicht abnehmen. Bei seinen Ausfahrten aus dem Palast wurde er mit den Leiden der Wesen konfrontiert (erinnern Sie sich: er sah einen Kranken, einen Alten und einen Trauerzug). Er entwickelte ein extrem großes Mitgefühl mit allen Wesen und entschloss sich, die Ursachen des Leidens herauszubekommen, um ihnen dann einen Weg zeigen zu können, wie sie aus dem Leiden herauskommen.

Kleiner Einschub:

in der Auffassung des Mahayana war Buddha Shakyamuni schon lange ein erleuchteter Buddha, bevor er sich als einer der 1000 Buddhas dieses glücklichen Zeitalters in dieser besonders degenerierten Zeit in dieser Welt in körperlicher Form, sozusagen „zum Anfassen", manifestiert hat, um den Wesen zu helfen, indem er ihnen den Dharma lehrte. So ist es seinem Mitgefühl zu verdanken, dass er gelehrt hat und auch, dass wir uns heute hier treffen, um etwas darüber zu erfahren.

Und was hat das mit uns zu tun?

Wir können erkennen, dass nicht nur wir leiden, sondern auch die anderen Wesen. Wir können Mitgefühl entwickeln und uns entschließen, den anderen Wesen helfen zu wollen. Wenn wir das wirklich wollen und auch all die Freundlichkeit der Wesen, die uns zuteilwurde, erwidern möchten, also wünschen, dass alle Wesen Glück erfahren sollen und die Ursachen von Leid nicht ansammeln mögen, werden wir wünschen, dass alle Wesen die Buddhaschaft erreichen mögen. Dies nennt man den wünschenden Erleuchtungsgeist. Wenn wir darüber hinaus noch die Verantwortung auf uns nehmen, es selbst bewirken zu wollen, dass die Wesen frei von Leid sein mögen und wir dann erkennen, dass das nur ein Buddha korrekt und vollumfassend helfen kann, werden wir die Buddhaschaft zum Wohle aller Wesen erreichen wollen. Dies nennt man den wirkenden Erleuchtungsgeist.

Indem man den Erleuchtungsgeist (skr. Bodhicitta) entwickelt, wird man zu einem Praktizierenden der höchsten Stufe, zu einem **Bodhisattva**. Dies bedeutet, dass man die Buddhaschaft nicht primär zum eigenen Wohl erreichen möchten, sondern zum Wohl der anderen.

Der Unterscheid zwischen dem wünschenden und dem wirkenden Erleuchtungsgeist wird in den Schriften gern mit einer Reise verglichen:

Zuerst wünscht man sich, die Reise zu machen (hier: den Wesen zu helfen – also der wünschende Erleuchtungsgeist) und trifft die Reisevorbereitungen. Dann fährt man los, d.h. hier, dass man den Wesen selbst hilft (wirkender Erleuchtungsgeist).

Nur mit dem starken und ehrlichen Entschluss, zum Wohle aller anderen Wesen die Buddhaschaft erreichen zu wollen, öffnen sich die Türen zu den höheren Unterweisungen.

Nächstes Mal werden wir uns anschauen, wie man Liebende Güte und liebevolle Zuwendung üben und meditieren kann.

15 Die beste Medizin: liebevolle Zuneigung

Wir haben darüber gesprochen, dass wir alle miteinander verbunden sind. Dies sind wir nicht nur körperlich auf der Basis des recycelten Sternenstaubs und geistig aufgrund unserer Buddhanatur, sondern auch auf der Basis, dass wir alle Glück möchten und Leiden nicht erleben wollen. Abgesehen von den Buddhas unter uns, sind wir auch alle mit einem von Unwissenheit bewölkten Geist unterwegs. Wohin das führt, hatten wir auch schon beleuchtet und festgestellt, dass wir mit Anderen und auch mit uns viel Geduld und Mitgefühl brauchen.

Uns war bewusst geworden, dass wir ein einzelnes Wesen sind, umgeben von unzählbar vielen Wesen, die mehr oder weniger ähnlich leiden wie wir. Es gibt also keinen vernünftigen Grund, sich wichtiger zu fühlen, aber Gründe genug zu wünschen, dass auch die Anderen frei von Leid sein mögen.

Versprochen hatte ich Ihnen, dass wir heute Abend schauen, wie wir Mitgefühl, liebende Güte, liebevolle Zuneigung, kurz alles, was eine Zuwendung zu anderen bewirkt, in uns verstärken können.

Kommen wir auf die Lieblingsübung unseres Egos zurück: die Abgrenzung von „Ich" und „Mein". Kleines Beispiel: Sie kommen in die Kantine. Auf Anhieb sortiert Ihr Ego aus, mit wem Sie an einem Tisch sitzen möchten (da ist Ihnen jemand sympathisch) und mit wem lieber nicht (ist dann wohl nicht Ihr besonderer Freund). Und bei vielen wird es Ihnen völlig egal sein, weil Sie diejenigen nicht weiter kennen. Am besten, Sie suchen sich für die folgende Übung aus jeder Gruppe einen Repräsentanten heraus: einen Freund oder jemanden, den Sie mögen, einen Feind oder jemanden gegen den Sie Abneigung spüren und einen, der Ihnen egal ist bzw. dem Sie gleichgültig gegenüber stehen.

Erinnern Sie sich an die Geschichte mit der jungen Mutter mit Kind auf dem Schoß, einen Fisch essend und einen Hund tretend? Im Leben zuvor war das Kind der Lieblingsfeind der Familie, der Fisch der Vater und der Hund die Mutter. Diese Geschichte hatten wir im Kapitel „Mücke oder Opa" als wir uns über Karma und Wiedergeburt unterhalten haben. Wir wissen wirklich nicht, wenn wir eine Mücke töten (was wir nicht tun sollten!), ob wir unseren verstorbenen Opa oder unsere Lieblingsfreundin aus dem letzten Leben erschlagen haben. Wir wissen ja selbst nicht, in welchem Land, mit welchem Geschlecht und mit welcher Weltanschauung wir wiedergeboren werden oder wer wir vorher waren. Und wer unser Freund war oder sein wird, wissen wir auch nicht. Jeder war irgendwann schon einmal unser Freund oder unser Feind.

Außerdem existiert sowohl die Schublade, in Freund und Feind zu unterscheiden, als auch die Vorstellung, dass X mein Freund und Y mein Feind ist, nur in unserem Geist. Und wie schnell ändert sich so etwas noch in diesem Leben. Im Samsara, im Daseinskreislauf, ist alles Veränderung, auf nichts ist Verlass und nichts ist perfekt. Warum meinen wir, X für immer und ewig zum Freund, Y dagegen für immer zum Feind zu haben? Unser Geist hat diese Voreinstellung: ein Filter für unser Bewusstsein, entstanden aus unseren Gewohnheiten und karmischen Anlagen.

Wenn uns das bewusst wird, stehen wir denjenigen, die wir als Freund oder Feind empfinden, gelassener gegenüber. Wir haften am Freund, am Partner nicht mehr so an und dem vermeintlichen Feind stehen wir auch nicht mehr so wütend gegenüber. Ein wenig Ausgewogenheit, Gleichmut kommt in unseren Geist und das Leben wird weniger dramatisch für uns. Außerdem tut unsere Ausgewogenheit auch denen gut, die uns umgeben. Aber dies ist erst der Anfang dessen, wie wir anderen und damit auch uns einfach guttun können.

Einen Punkt wollte ich noch schnell erwähnen: ich sprach von unserem „vermeintlichen" Feind. Bestimmt ist Ihnen längst klar geworden, dass nicht der Typ Y im Äußeren, den wir gerade nicht abhaben können, unser Feind ist, sondern die Leidenschaften und Verblendungen in unserem eigenen Geist. Dazu habe ich einen Text aus Shantidevas „Bodhicharyavatara", den S.H.Dalai Lama in seinem Buch „die Lehren des tibetischen Buddhismus" zitiert hat, mitgebracht:

„Die Feinde wie Hass und Begierde haben weder Arme noch Beine und sind weder mutig noch weise. Wie ist es möglich, dass ich von ihnen wie ein Sklave gehalten werde?

Während sie in meinem Geist wohnen, schädigen sie mich, wie es ihnen gefällt, und ich ertrage sie geduldig, ohne Zorn. Aber in dieser Situation ist es unpassend und schmachvoll, Geduld zu üben."

In der Meditation zu diesem Thema beginnt man am besten, indem man sich eine Person, der man gleichgültig gegenübersteht, vorstellt. Hierbei ist es nicht schwer, die nur leichten Gefühle von Zuneigung und Abneigung auszugleichen. Wenn für diese Beziehung Gleichmut aufgekommen ist, stellt man sich ein Wesen vor, für das man ein starkes Anhaften oder großes Verlangen empfindet. Dann überlegt man sich, dass das in vergangenen Leben ganz anders gewesen sein kann und man auch von jenem Wesen Ablehnung oder Schaden bekommen hat. Das relativiert das Ganze. Zuletzt betrachtet man jemanden, dem gegenüber man Abneigung oder Hass empfindet. Auch hier überlegt man sich, dass man denjenigen wahrscheinlich in vorangegangener, anfangsloser Zeit, sehr gemocht, ihn begehrt hat. Vielleicht muss das gar nicht in einem anderen Leben gewesen sein – auch Scheidungen waren vorher mal Liebe....

Ausgeglichenheit, Gleichmut entsteht nicht sehr schnell im Geist. Seit anfangsloser Zeit unterteilt unser verblendeter Geist die Welt in 3 Schubladen: mag ich, mag ich nicht, ist mir egal. Man braucht auch mit sich viel Geduld, um den Geist ausgeglichener zu machen. Und bitte denken Sie nicht nur an die 3 Repräsentanten für Ihre Kategorien. Nehmen Sie peu à peu alle Wesen dieser Schubladen in Ihre Betrachtung hinein. Hierbei können Sie sich z.B. von Ihrem Wohnort, über Ihr Heimatland, den entsprechenden Kontinent, zu diesem Planeten, diesem Sonnensystem, dieser Galaxie, diesem Universum kommen. Und das betrifft alle fühlenden Wesen, nicht nur die Menschen.

Dies war jetzt eine kleine Vorabübung für die „4 Unermesslichen Geisteshaltungen", über die wir als Nächstes sprechen werden.

Kurz erwähnen möchte ich, dass es je nach Fahrzeug, je nach Lehrmeinung, je nach Tradition, je nach Meister unterschiedliche Reihenfolgen oder Schwerpunkte geben kann.

Am Anfang einer Praxis rezitieren wir gern das folgende Gebet (Anm. dieser Text ist dem Heft „Rezitationen" vom Tibet-Zentrum Hannover entnommen):

Mögen alle Lebewesen Glück und die Ursachen von Glück besitzen.

Mögen alle Lebewesen frei von Leiden und den Ursachen von Leiden sein.

Mögen alle Lebewesen niemals getrennt sein von dem Glück, das frei von Leiden ist.

Mögen alle Lebewesen in Gleichmut verweilen, frei von Anhaftung an Nahestehende und Abneigung gegenüber Fernstehenden.

Die „**4 Unermesslichkeiten**" werden „unermesslich" genannt, weil sie sich auf alle Wesen beziehen und diese Geisteshaltungen in ihrer Intensität grenzenlos sind. Sie sind die folgenden Geisteshaltungen:

Unermessliche Liebe (Skt.: maitri, Pali: metta)

Unermessliches Mitgefühl (Skt.: karuna, Pali: karuna)

Unermessliche Freude (Skt.: mudita, Pali: mudita)

Unermesslicher Gleichmut (Skt.: upeksha, Pali: upekkha)

Was steht hinter diesen Gedanken?

Liebe ist der Wunsch danach, dass andere glücklich sein mögen.

Mitgefühl ist der Geistesfaktor, der das Herz berührt, wenn man andere Wesen leiden sieht.

Mitfreude/mitfühlende Freude/mitfühlendes Sich-Erfreuen ist der Geistesfaktor, bei dem man sich über das Glück, den Erfolg eines anderen freut.

Gleichmut ist ein Geistesfaktor, bei dem man dem Objekt gegenüber ausgeglichen ist, frei von Anhaftung oder Abneigung.

In allen Fahrzeugen, in allen Traditionen meditiert man immer und immer wieder über die Vier Unermesslichkeiten. Warum macht man das?

Indem Sie ausgehend von sich (auch Sie sind ein Lebewesen!) bis ins Universum alle Lebewesen in Ihre Meditation einbeziehen, haben Sie ein kraftvolles Mittel, Ihren Geist zur Reife zu bringen. Immer mehr werden Sie sich am Glück der anderen orientieren und Ihr Selbst relativieren.

So werden Sie mehr und mehr den anderen Wesen Gutes wünschen, ihnen wünschen, dass sie nicht mehr leiden müssen, sich daran erfreuen, wenn es den anderen Wesen gut geht und ihnen wünschen, dass sie nicht mehr in den egoistischen Gefühlen von Anhaftung, Hass und Gleichgültigkeit verstrickt sein mögen. Es heißt, dass man durch die Erzeugung von Gleichmut anderen die Freiheit von Furcht geben kann. Wenn Sie von einer Person nicht befürchten müssen, dass sie mit Anhaftung an Ihnen hängt, Sie mit Ablehnung zurückweist oder Sie gleichgültig ignoriert, hat Ihnen diese Person die Freiheit von Furcht gegeben. Wenn Sie Ihren Geist zum Gleichmut hin ausrichten, werden andere Wesen auch vor Ihnen keine Furcht haben.

Jeden einzelnen Wunsch können Sie in vier Stufen üben. Nehmen wir als Beispiel den Gleichmut:

Wir denken, wie schön es wäre, wenn die Menschen einander mit mehr Gleichmut begegnen würden und das Freund-Feind-Denken dadurch verringert werden könnte. Das könnte so viele Konflikte in der Welt verringern! Dieses ist die 1. Stufe des „unermesslichen Wunsches".

Auf der 2. Stufe, dem „unermesslichen Wunschgebet", intensivieren wir diesen Wunsch und wünschen uns, dass die Wesen tatsächlich in Gleichmut verweilen mögen, frei von Anhaftung (zu starke Nähe) und Abneigung (zu starke Ferne).

Dann entschließen wir uns, selbst alles dafür zu tun, dass die Wesen in Gleichmut verweilen können. Dies ist die 3. Stufe, genannt „unermessliche Verantwortung", da wir die Verantwortung für das Wohl der anderen auf uns nehmen. Dies entspricht der Bodhisattva-Einstellung.

Auf der 4. Stufe, dem „unermesslichen Bittgebet", bitten wir die Buddhas und Lamas (tib., Skt.: Guru = Lehrer) um ihre Unterstützung, ihren Segen, damit es uns gelingen möge, die Wesen aus Gier und Hass befreien zu können.

Analog dazu kann man alle anderen Unermesslichkeiten (unermessliche Liebe, unermessliches Mitgefühl, unermessliche Freude) auf allen vier Stufen meditieren.

Um Bodhicitta zu entwickeln, gibt es im Mahayana (Großen Fahrzeug) eine weitere hauptsächliche Methode:

Die 7-fache Anweisung von Ursachen und Wirkungen

Wir ahnen schon, dass die 7 Meditationsstufen kausal aufeinander aufbauen.

1. Entwicklung der Haltung, alle Wesen als die eigenen Mütter zu erkennen (wenn es Ihnen lieber ist, als eigene Omis etc. zu erkennen)
2. Vergegenwärtigung der Freundlichkeit, die man von ihnen erfahren hat
3. Erzeugung des Wunsches, ihre Freundlichkeit zu erwidern
4. Entwicklung der liebevollen Zuneigung, mit der man alle Wesen als nahestehend und wertvoll empfindet

5. Hervorrufen des Großen Mitgefühls mit allen Wesen (Großes Mitgefühl ist der intensive Wunsch, dass alle Wesen von Leiden frei sein mögen; es ist untrennbar von der Großen Liebe, dem tiefen Wünsch, dass alle Wesen Glück besitzen mögen)
6. Entwicklung der Außergewöhnlichen Geisteshaltung (Große Liebe und Großes Mitgefühl gibt es auch im Kleinen Fahrzeug bei den Hörern und Alleinverwirklichern. Im Großen Fahrzeug ist die Außergewöhnliche Geisteshaltung der Entschluss der Bodhisattvas, die Verantwortung auf sich zu nehmen, das Wohl der anderen Wesen bewirken zu wollen)
7. Die Erzeugung des Erleuchtungsgeistes: Der Bodhisattva merkt, dass er nicht über die vollständigen Mittel, den anderen zu helfen, verfügt und entschließt sich, selbst die Buddhaschaft erreichen zu wollen, um den anderen Wesen optimal helfen zu können.

Die Erzeugung des Erleuchtungsgeistes (Bodhicitta) ist überaus kostbar und die Eintrittspforte in das Mahayana und unabdingbar für alle höheren Stufen, einschließlich Tantra.

Der große Meister Shantideva beschreibt es in seinem Werk Bodhicharyavatara (Eintritt in das Leben zur Erleuchtung) so:

„Was immer es an Glück in der Welt gibt, ist entstanden aus dem Wunsch nach dem Glück der anderen.

Was immer es an Leid in der Welt gibt, ist entstanden aus dem Wunsch nach dem eigenen Glück."

Über jede einzelne der beschriebenen Anleitungen zur Praxis könnte man separate Kurse anbieten. Aber da ich Ihnen an unseren Abenden einen grundlegenden Überblick über die buddhistische Lehre bieten möchte, möchte ich Ihnen nur die Grundgedanken vorstellen. Die Meditation darüber oder vertiefende Literatur dazu zu lesen, kann ich Ihnen nur selbst überlassen. Mit der Kenntnis der Zusammenhänge und Anleitungen kann ich Ihnen nur die Werkzeuge des Buddha näherbringen, es bleibt Ihnen überlassen, sie zu nutzen oder liegenzulassen.

An den nächsten Abenden beschäftigen wir uns mit den Werkzeugen der Bodhisattvas.

16 Geduld! Geduld! – eine der Übungen der Bodhisattvas

In den vorangegangenen Stunden hatten wir festgestellt, dass wir nicht die Einzigen sind, die leiden, sondern dass - mit Ausnahme der Buddhas - alle Wesen genauso seit anfangsloser Zeit im Daseinskreislauf gefangen sind und auch wie wir leiden. Und wir wissen jetzt, dass wir die Entscheidung treffen können, eine Wiedergeburt in einem höheren Daseinsbereich anzustreben oder ganz aus dem Daseinskreislauf herauszukommen. Aber wir haben auch die Möglichkeit zu erkennen, dass die anderen genauso leiden wie wir (oder sogar noch mehr leiden müssen) und dass es schön wäre, wenn auch sie nicht mehr leiden müssen. Und so gibt es Wesen, die den Entschluss fassen, das Wohl der anderen bewirken zu wollen (also allen anderen Wesen zu helfen, aus dem Daseinskreislauf herauszukommen) und sogar die Verantwortung auf sich nehmen, dies bewirken zu wollen. Diese Wesen nennt man Bodhisattvas. Um den Wesen optimal helfen zu können, muss man allerdings selbst die Buddhaschaft erreichen.

Wir können uns ausrechnen, dass uns die Buddhaschaft nicht in den Schoß fällt und dass es ohne Übung nicht so einfach ist, das Wohl anderer zu bewirken. Keine Angst! Wir müssen jetzt nicht denken, dass uns diese Hausnummer zu groß ist oder wir das eh nie schaffen. Buddha lässt uns nicht im Regen stehen, sondern hat erklärt, mit welchen Übungen wir anderen helfen und die Buddhaschaft erreichen können.

Diese Übungen werden die „6 Vollkommenheiten" (skr. Paramitas) genannt. Man kann das Sanskritwort auch mit „vollkommener Verwirklichung" übersetzen oder mit „zu einem Ufer gelangen". Gemeint ist damit, dass wir dem Ozean des Leidens, also dem Daseinskreislauf, entfliehen, indem wir das Ufer des Erwachens (Nirvana) erreichen. Manchmal werden Paramitas auch als „transzendente Tugenden" übersetzt, also herausragende Eigenschaften, die die Begrenzungen des Daseinskreislaufs überwinden.

Die 6 Vollkommenheiten lauten:

1. Freigebigkeit

2. Ethik

3. Geduld

4. Tatkraft (freudige Anstrengung)

5. Konzentration (Geistige Ruhe)

6. Weisheit

Obwohl ich davon gesprochen habe, dass dies die Übungen der Bodhisattvas sind, sollten all jene, die nicht gleich den Bodhisattvaweg gehen möchten, sich nicht zurücklehnen und denken, dass es sie nicht betrifft! Im Gegenteil!

Die ersten drei Vollkommenheiten führen dazu, dass man eine höhere Wiedergeburt erreichen kann, die letzten drei dazu, dass man zum eigenen Wohl (also für sich selbst) die Buddhaschaft erlangt. Auch im Theravada werden sie geübt, insgesamt 10 Vollkommenheiten, die denen des Mahayana sehr ähnlich sind. Durch den Entschluss, die Buddhaschaft zum Wohl aller Lebewesen zu erreichen, werden die Vollkommenheiten zum Übungsweg der Bodhisattvas. Der Unterschied ist die Motivation.

Dieser Übungsweg muss uns nicht als unüberwindbares Gebirge erscheinen! Die Samen dazu sind in unserem Geistesstrom vorhanden, wir müssen sie nur „aktivieren" durch unsere Übung. Indem wir durch die Übung der Vollkommenheiten die Buddhaschaft erlangen können, uns also aus dem Daseinskreislauf befreien können, können wir sagen, dass die Vollkommenheiten „befreiende Qualitäten" sind.

Selbstverständlich hat auch die Reihenfolge der Übungen einen Sinn und ist nicht willkürlich gewählt:

Wenn wir durch Freigebigkeit (Großzügigkeit, Wohltätigkeit, Darbringungen, Gebefreudigkeit) nicht an unserem Besitz haften, ist es leichter, Disziplin (Ethik) zu üben. Wenn unser Geist diszipliniert ist, können wir leichter mit Schädigungen umgehen, lassen uns nicht so schnell entmutigen und entwickeln Geduld. Wenn wir uns nun nicht mehr so schnell entmutigen lassen, entsteht freudige Ausdauer, Tatkraft. Durch freudige Ausdauer entsteht Konzentration, mit der wir die Wirklichkeit erkennen können, also Weisheit.

Auch sind die einzelnen Vollkommenheiten nicht als voneinander getrennt zu betrachten. In jeder einzelnen sind die anderen fünf vertreten. Z.B.: was hilft Freigebigkeit ohne Weisheit? Die einzelnen Beziehungen der Vollkommenheiten untereinander werde ich jetzt nicht weiter ausführen, denn wir wollten ja heute Abend bis zur Tatkraft vorankommen....

Stattdessen möchte ich Ihnen die einzelnen Vollkommenheiten vorstellen bzw. näherbringen:

1. Die Vollkommenheit der Freigebigkeit

Was können wir freigebig geben?

Da gibt es drei Möglichkeiten
1. Das Geben materieller Güter
2. Das Geben von Furchtlosigkeit
3. Das Geben von Dharma (der buddhistischen Lehre)

1. materielle Güter

Aber bevor wir etwas geben, sollten wir unsere Motivation betrachten. Geben wir wirklich etwas, um jemandem helfen zu wollen, oder versprechen wir uns selbst etwas davon? Z.B. Ruhm (Beispiele: Ich als der edle Spender, der Non-plus-Ultra-Lehrer), eine Gegenleistung (Beispiel: ein großes Dankeschön im Beisein anderer) oder eine hohe Wiedergeburt (wie Punkte sammeln im Supermarkt)??? Auch ist die Frage, was unsere Gabe bewirkt. Hat es womöglich zur Folge, dass andere dadurch geschädigt werden? Wissen wir, was mit unserer

Gabe gemacht wird? Wir sollten sicherstellen, dass es zum Wohl anderer verwendet wird.

Selbstverständlich sollte das, was ich verschenke, auch von mir rechtmäßig erworben sein. Wenn ich etwas gestohlen habe (was man ja eh nicht machen sollte), sollte ich es nicht verschenken.

Wenn Sie jetzt überlegen, dass Sie gerne einem Wesen Gutes tun möchten, aber nicht über die materiellen Mittel dazu verfügen, dann stellen Sie sich in Gedanken vor, wieviel Gutes Sie demjenigen tun /schenken möchten. Auch das schafft ein heilsames Potenzial.

2. Furchtlosigkeit

Das Geben von materiellen Gütern können wir leicht nachvollziehen, aber was bedeutet das Geben von Furchtlosigkeit? Es bedeutet, andere vor den Schrecken von Räubern, Herrschern, aber auch vor Tieren, Überschwemmungen, Kriegen usw. Schutz zu gewähren. Z.B. haben in der Zeit der Judenverfolgung einige Menschen Juden versteckt, um ihnen zu helfen.

3. Dharma

Dharma zu geben, um den anderen zu helfen, sich von den Täuschungen zu befreien, die Leiden hervorrufen, wird nicht nur durch die Belehrungen von Lamas gegeben. Jede Anweisung, jeder Rat, den irgendjemand aus vollem Herzen von Mitgefühl bewegt gibt, kann als Geben von Dharma betrachtet werden.

2. Die Vollkommenheit der Ethik

Je Tsongkapa definiert die Ethische Disziplin als die Absicht, Schädliches aufzugeben.

Damit uns die Komplexität dieser Absicht nicht erschlägt, sollten wir uns an die 10 unheilsamen Handlungen erinnern, die wir anfangs besprochen haben.

Wir sollten also die 3 unheilsamen Handlungen des Körpers aufgeben, also Töten, Stehlen, sexuelles Fehlverhalten

Die 4 unheilsamen Handlungen der Sprache, also Lügen, Zwietracht säen, grobe/verletzende Rede und sinnlose Rede sollten wir auch aufgeben,

ebenso die 3 unheilsamen Handlungen des Geistes Habgier, Übelwollen und verkehrte Ansichten.

Das sind also ganz konkrete Punkte, die wir vermeiden können. Auch hilft es, sich zu verdeutlichen, dass durch unethisches Verhalten oft sehr viel Leid hervorgerufen wird. Für andere und auch für uns. Leider sind wir uns nicht immer darüber bewusst und vergessen, an die Folgen für andere und für uns (karmische Folgen) zu denken.

Wenn wir anderen keinen Schaden mehr zufügen, sondern mit einer mitfühlenden und freundlichen Haltung gegenübertreten, auch in unseren Gedanken kein Ärger, keine Böswilligkeit mehr aufkommt, sind wir der Vollkommenheit der Ethik schon ein Stück näher gekommen.

Auch können wir andere davor bewahren, unheilsame Handlungen zu begehen, z.B. indem wir sie darauf hinweisen und so auch ihr zukünftiges Wohl bewirken.

Oft wird Ethik mit Tugend oder Disziplin übersetzt. Wenn wir anderen Gutes tun, sie unterstützen, handeln wir tugendsam.

3. Die Vollkommenheit der Geduld

Kommen wir auf unseren Konzertgänger zurück, der sich an der Garderobe sehr geärgert hat, weil ihm der Vordermann aus Versehen auf den Fuß getreten hat. Also hat er die Schädigung seiner Person (hier vertreten durch seinen Fuß) nicht geduldig aufgenommen.

Was also ist Geduld?

Zum Einen: die Gelassenheit angesichts von Schädigungen durch Andere

Zum Anderen: das Auftreten von Leiden im eigenen Kontinuum zu akzeptieren.

Und es gibt eine dritte Art von Geduld, die sich auf die Gewissheit im Dharma bezieht.

Am Konzertgänger sehen wir, wie schnell Ärger aufkommt, uns etwas aus der Ruhe bringt. Ein einziger Moment von Ärger zerstört leider sehr viele heilsame Anlagen, die wir angesammelt haben. Damit uns nicht so viel Heilsames verloren geht, sollte wir uns diesen Punkt genauer ansehen.

In Gampopas „kostbaren Schmuck der Befreiung" habe ich dazu eine gute Textpassage gefunden:

„Gleichmütige Geduld ist, geduldig zu bleiben, wenn wir oder unsere Angehörigen geschlagen und beleidigt werden, Zornigen begegnen, unsere Fehler bloßgelegt werden, unangenehme Dinge passieren oder unsere Wünsche vereitelt werden. Doch was bedeutet hierbei Geduld? Sich nicht aufzuregen, Schaden nicht zurückzuzahlen und unter keinen Umständen festzuhalten – das nennen wir Geduld."

Aber wie können wir an den Punkt kommen, an dem wir uns über eine Schädigung nicht aufregen oder womöglich zum Gegenangriff ausholen?

Es gibt ein paar Punkte, die wir bedenken sollten:

Unser Konzertgänger in dieser fast banalen Alltagssituation hat sich persönlich angegriffen gefühlt, obwohl er absehen kann, dass sein Vordermann, der ihm auf den Fuß trat, nichts gegen ihn persönlich hatte, da er die „Tat" nicht geplant und auf der Körperrückseite keine Augen hatte. Er war einfach unaufmerksam. Das ist nicht schön, aber mehr war es nicht. Der Ärger entstand im Geist des Konzertgängers, weil er sich angegriffen gefühlt hatte.

Bitte bedenken Sie, dass dies mit dem Konzertabend nur ein Beispiel war. Es ist nur geringfügig anders, wenn Ihnen jemand die Vorfahrt nimmt im Straßenverkehr, Ihnen die Tür vor der Nase zuschlägt oder oder oder...

Was könnte der Konzertgänger bedenken, um sich nicht zu ärgern?

Der Schädiger hat selbst keine Kontrolle über seinen Geist oder über die karmischen Umstände, durch die er zum Konzert ging und als Vordermann an der Garderobe seinen Standort verändert und dem Hintermann auf den Fuß tritt. Die geringe Kontrolle über seinen Geist zeigt die Unachtsamkeit. Sein Geist ist also nicht frei, er unterliegt Karma und Kleṣas (Leidenschaften). Auch der Geist des Geschädigten, des Konzertgängers, ist nicht frei von Karma und Leidenschaften, man erkennt es an seinem Ärger. Beide handeln unfrei aufgrund ihrer Verblendung. Was kann man also tun? Mitgefühl füreinander entwickeln!

Meine unheilsamen Handlungen, die ich seit anfangsloser Zeit beging, führen zu meinem Leiden. – Wir hatten darüber gesprochen, dass Karma gerecht ist, denn jeder kann nur mit den Wirkungen zusammentreffen, die er selbst verursacht hat. Indem ich leide, wird mein negatives Karma abgebaut. Wenn ich dazu noch Geduld übe, kann ich Heilsames ansammeln. Wenn ich mich zu einer unheilsamen Reaktion hinreißen lasse, sammle ich negatives Karma an. Mit diesen Wirkungen werde ich später wieder in Form von Leid zusammentreffen....Aber wir wollten ja zukünftig nicht mehr leiden, vielleicht sogar aus diesem Daseinskreislauf heraus. Also üben wir Geduld!

Dies bedeutet nicht nur, dass wir nicht nur von einer schädlichen Reaktion Abstand nehmen, sondern dass wir, selbst wenn wir physisch, emotional oder mental von anderen verletzt werden, nachsichtig und mitfühlend mit ihnen umgehen, sie nie aufgeben und nicht irritiert oder nachtragend reagieren.

Wir haben alle die Buddhanatur, leider ist sie mit Verblendung zugemüllt. Manche sind auf dem Weg und wissen, dass man die Unwissenheit überwinden kann (so wie Sie jetzt auch), andere hatten noch nicht das Glück, dies zu erfahren und sind mit großer Selbstverständlichkeit im Hamsterrad das Daseinskreislaufs gefangen, ohne zu ahnen, dass man sich daraus befreien kann. Wir sind alle nicht perfekt – sonst wären wir Buddhas. So kann man jedes Wesen nur als kostbar, aber dennoch krank betrachten und ihm mit Mitgefühl und dem Wunsch für sein Wohlergehen gegenübertreten. Negatives begehen wir nur aus Verblendung, aus Unwissenheit.

Aber Geduld brauchen wir nicht nur für unsere Schädiger! Wir brauchen sie auch mit uns, denn wir erfahren die Wirkungen unserer Handlungen und leiden. Es macht keinen Sinn, wenn wir auf uns wütend werden. Aufgrund unserer Verblendung, unserer Unwissenheit haben wir unheilsame Handlungen begangen, die jetzt zu unserem Leiden geführt haben. Egal, ob wir jetzt Zahnschmerzen haben, uns gerade jemand verletzend gegenübertritt, wir eine schwere Krankheit erleiden: wir haben die Ursachen dafür gelegt. Auch wir haben die Buddhanatur und sogar eine kostbare menschliche Geburt. So sollten wir auch mit uns Mitgefühl und Geduld haben, denn auch wir stehen unter der Kontrolle unseres verblendeten Geistes. Da uns dies jetzt bewusst wird, sollten uns bemühen, Unheilsames zu vermeiden.

Da wir mit Leiden unheilsames Karma abbauen, sollten wir Leiden geduldig annehmen. So können wir in Gelassenheit und Gleichmut, Geduld und Toleranz für uns und andere praktizieren.

Der dritte Punkt der Geduld ist die Geduld im Hinblick auf das Streben nach Gewissheit im Dharma. Im Streben nach der Buddhaschaft und den Punkten, die uns dorthin führen, wie z.B. das Verständnis von Karma oder der Leerheit, müssen wir Geduld üben.

4. Die Vollkommenheit der Tatkraft /der freudigen Ausdauer/Beharrlichkeit

Wie schon bei der Ethik, gibt es auch bei der Tatkraft verschiedene Übersetzungen. Gemeint ist jedenfalls die Freude am Ausführen guter (heilsamer) Handlungen.

Sie ist das Gegenmittel zur Faulheit.

Faulheit bringt uns vom Weg ab. Sie hat verschiedene Formen: z.B. indem man lieber lange schläft. Man kann sie aber auch durch Überaktivität in anderen Bereichen verstecken. Dann hat man „leider" keine Zeit, sich um Dharma, um Heilsames zu kümmern. Auch kann man meinen, dass man selbst viel zu gering ist, es bis zur Erleuchtung zu schaffen. Aber: in einer menschlichen Form habe ich die besten Voraussetzungen (als Mücke ist das sicher nicht so gut). Und alle Buddhas haben mal genauso angefangen wie wir.

Außerdem kommt der nächste Tod ganz gewiss. Woher soll ich wissen, welche Chancen, meinen Geist zu zähmen, Gutes zu tun und Negatives zu unterlassen, ich dann haben werde? Also sollten wir uns aufraffen und den Weg gehen.

Wir dürfen nicht aus dem Blick verlieren, dass die Übungen der Vollkommenheiten nicht nur für jeden die einzige Möglichkeit sind, auf dem Weg voran zu kommen, sondern dass sie ganz explizit Übungen der Bodhisattvas sind, also derer, die das Wohl der anderen Wesen bewirken möchten und dafür selbst die Buddhaschaft zu erreichen suchen.

Klar, dass das Leben eines Bodhisattvas anstrengend und nicht gerade einfach ist, oft auch voll Leid, das er auf sich nimmt, um den Wesen zu helfen. Aber das nimmt er mit Geduld und sogar mit Freude auf sich, wenn er den Wesen helfen möchte. Er braucht viel freudige Ausdauer auf dem Weg, viel Geduld und das alles bei reiner Ethik. Und er übt sich auch gern in Freigebigkeit. Somit haben wir alle heute besprochenen Punkte beisammen.

Aber ein Bodhisattva braucht noch die Fähigkeit der Konzentration und die Weisheit, um auf dem Weg voranzukommen. Er kann z.B. freigebig sein, so viel er will oder Tatkraft ohne Ende haben, aber ohne Weisheit wird er nichts Positives bewirken.

Wie er sich in diesen beiden Punkten schulen kann, schauen wir uns das nächste Mal an. Es bleibt also spannend....

17 Konzentration und Weisheit

Die ersten vier Übungen der Bodhisattvas haben wir letztes Mal besprochen und auch, dass alle sechs Vollkommenheiten miteinander verbunden sind.

Heute werde ich Ihnen etwas zu der 5. und der 6. Vollkommenheit erzählen. Beide sind sehr eng miteinander verbunden, und ohne sie ist ein Vorankommen auf den höheren Stufen nicht möglich. Um den anderen Wesen wirklich helfen zu können, ist es daher unerlässlich, dass wir uns auch in diesen beiden Vollkommenheiten schulen.

Diese beiden sind die Vollkommenheit der Konzentration, auf Tibetisch Shiné, auf Sanskrit Shamatha, auf Deutsch auch „Geistesruhe", „konzentrative Meditation", „Sammlung" oder „Stilles Verweilen" genannt, und die Vollkommenheit der Weisheit, skr. Vipassana, tib. Lhaktong, auf Deutsch „analytische Meditation" oder auch „die Übung, die auf Besonderer Einsicht beruht" genannt.

Beginnen wir mit der Übung der Konzentration.

Wir hatten an anderer Stelle schon über die Vorbereitungen der Meditation, die empfohlene Haltung, die 7-Punkte-Vairochana-Meditationshaltung, gesprochen. Wir haben uns dann einige Minuten auf den Atem konzentriert, um unseren Geist zur Ruhe zu bringen.

Wie sieht es denn in unserem Geist aus, wenn wir uns auf das Meditationskissen setzen? Als Anfänger hat man den Eindruck, unser Geist freut sich auf die Chance, uns alles Mögliche erzählen zu können. Von Einkaufslisten über zu erledigende Tätigkeiten, Hoffnung für die Zukunft; Selbstbeweihräucherung, alles ist dabei – außer geistiger Ruhe. Oder unser Geist freut sich über die Entspannung – und wir schlafen ein ...Wie können wir es schaffen, unseren Geist zu zähmen, ohne vollgetextet zu werden und ohne einzuschlafen? Übrigens wird die konzentrative Ruhe des Geistes auch in anderen Religionen geübt.

Die Meister empfehlen, dass Anfänger sich zunächst ein heilsames Objekt suchen, auf das sie ihre Konzentration richten, z.B. eine Buddhastatue und sich dieses Objekt gut einprägen. Dann setzt man sich zur Meditation und hält das Objekt vor seinem geistigen Auge fest. Wir setzen uns ja nicht hin und betrachten das Objekt, es ist also kein Vorgang des Sehebewusstseins, sondern unser geistiges Bewusstsein konzentriert sich auf das Objekt. Das sind anfangs vielleicht nur wenige Sekunden, die wir das Objekt unabgelenkt klar halten können, aber wir sollten dran bleiben, denn mit Übung wird alles einfacher und wir können länger beim Objekt verweilen. Wenn Sie merken, dass Ihnen das Objekt nicht liegt, wechseln Sie nicht zu schnell, sondern bleiben Sie längere Zeit dabei, bevor Sie das Objekt wechseln.

Es gibt auch Meister, die empfehlen, sich generell auf den Atem zu konzentrieren oder gleich auf die Leerheit (dazu kommen wir noch).

Wichtig ist, dass man lernt, sich auf ein Objekt zu konzentrieren. Wählen Sie das Objekt, womit Sie am einfachsten klar kommen. Und wenn Sie feststellen, dass sich nicht auf dem Kissen sitzen können, weil Ihre Knie Sie die ganze Zeit mit Schmerzmeldungen von der Konzentration auf das Objekt ablenken, dann sitzen Sie eben nicht auf einem Kissen, sondern auf einem Stuhl.

Nun ist es schon ein Grund zur Freude, dass Sie die Übung machen möchten, um Ihren Geist, auch zum Wohle anderer Wesen, zu zähmen. Und diese Freude sollten Sie auch beibehalten und nicht sich selbst foltern. Also können Sie auch entspannt an das Thema herangehen. So können Sie auch den Anspruch, schon bald selbstverständlich das Ziel erreicht zu haben, aufgeben, da er Ihnen die Entspannung nimmt. Indem Sie sich unter Leistungszwang stellen und angespannt sind. Wenn Sie z.B. jedes Detail auf Anhieb vergegenwärtigen möchten, wird sich der Erfolg nicht so schnell einstellen. Es ist eh kein Meister vom Himmel gefallen. Also nehmen Sie sich den Stress und freuen Sie sich auch über wenige Augenblicke, in denen Sie das Objekt halten können. Geben Sie die Übung nicht auf, und Sie werden merken, dass Ihre Konzentrationsfähigkeit langsam besser wird. Ist ja auch im normalen Alltag eine hilfreiche Eigenschaft. Wie die Meister betonen, kann man nicht mit Perfektionsstreben vorankommen. Das behindert nur und macht den Geist eng. Erfreuen Sie sich lieber an dem, was Sie schon erreicht haben.

In den Vorhallen zu Eingängen in tibetischen Tempeln findet man oft eine Darstellung zu den **9 Stufen der Meditation**, die von Meistern sehr gern unterrichtet werden. Ich habe Ihnen diese Darstellung mitgebracht. Sie gibt es in animierter Form im Internet. Wenn man einen Motivationsschub braucht, kann man sich die Freude an der Meditation durch diese lebensnahe Beschreibung zurückerobern. Da Sie ja keinen Zugang zum Internet haben dürfen, hier das Video als Nacherzählung:

Es beginnt mit einem Mönch, der in einem Tempel auf einem Meditationskissen sitzt. Im Video sieht man, dass sein Geist aber abschweift zu Pizza und Geld und dass ihm das Buddhabild dabei oft unklar wird oder entschwindet...

Später sieht man, wie aus seinem Herzen heraus (Im Buddhismus sitzt der Geist im Herzen, nicht im Gehirn) ein total schwarzer Elefant und ein Affe entstehen.

Der Affe steht für die Erregung, der Elefant für den Geist, die schwarze Farbe für das Sinken.

Ihnen hinterher rennt der Mönch, der in seinen Händen ein Seil als Symbol für das Gegenmittel der Vergegenwärtigung und einen Haken als Symbol für das Gegenmittel der Achtsamkeit hält. Wie wir Anfänger rennt er seinem Geist hinterher und versucht, ihn einzukriegen. Das ist die **1. Stufe,** die „das Nachinnenrichten **des Geistes**" heißt. Einige Sekunden die Konzentration beizubehalten, ist schon ein gutes Resultat.

Auf der **2. Stufe,** der Ausrichtung, klappt es schon besser, so etwa einige Minuten lang, sich auf das Objekt zu konzentrieren. Die Vergegenwärtigung hilft uns, das Objekt immer und immer wieder zu erinnern, wenn der Geist mal wieder zu Pizza & Co abdriftet. Egal, ob es irgendwo juckt, das Bein einschläft oder uns Gedanken versuchen abzulenken, wir sollten diesen Punkten nicht nachgehen, sondern sie unbeachtet stehen lassen und uns wieder dem Objekt zuwenden. Wenn sich niemand für den Partygast interessiert, wird er ja auch irgendwann von sich aus gehen. Aber ohne, dass wir feststellen, dass in unserem Geist plötzlich z.B. eine Pizza auftaucht, werden wir uns nicht wieder an die Erinnerung machen. So ist es wichtig, dass wir unser Verhalten (generell körperlich, sprachlich und geistig) einer wachsamen Selbstprüfung unterwerfen.

Generell kann es passieren, dass man den Eindruck hat, dass die Gedanken mehr werden. Das ist normalerweise eine Täuschung. Unser Geist quasselt auch sonst so viel vor sich hin –

nur wir haben es vorher nicht bemerkt. Erklären Sie Ihrem Geist, dass er Ihnen irgendetwas erzählen kann – Sie möchten beim Objekt bleiben.

Auf der 3. Stufe (wiederholte Ausrichtung) hat man den Eindruck, dass man jetzt endlich die Gedanken etwas zur Ruhe bringen kann. Dafür bemerken wir ein anderes Hindernis: das Sinken. Man hat den Eindruck, dass das Objekt in der Dunkelheit versinkt, es erscheint nicht klar.

Was können wir tun, um die Erfassungsweise und die Klarheit zu stärken? Die Erfassungsweise stärkt man, indem man den Geist stärker auf das Objekt ausrichtet, den Klarheitsaspekt stärkt man, indem man sich das Objekt hell und strahlend vorstellt.

Was können wir tun, wenn unser Geist abgelenkt ist? Natürlich können wir unseren Geist mit sich selbst reden lassen und uns zum Objekt zurückziehen. Aber manchmal wird uns das vielleicht auch nicht gelingen. Dann können wir z.B. über die Unattraktivität oder Vergänglichkeit des begehrten Objektes nachdenken oder darüber, welche Vorteile wir durch erhöhte Konzentration haben.

Aber auf dieser 3. Stufe sind wir häufig abwechselnd von Erregung und Sinken hin-und hergeworfen und müssen versuchen, die Mitte zu finden, um die Extreme zu vermeiden.

Auf der Zeichnung sehen Sie übrigens, dass der Mönch mit dem Elefanten und dem Affen an einigen Feuerstellen vorbeigeht. Dies steht für die Bemühung um Bereinigung der Hindernisse.

Auf der Zeichnung der dritten Stufe sehen Sie, dass der Mönch den Elefant mit dem Lasso eingefangen hat und auf dem Elefanten ein Hase sitzt. Dieser steht für die Selbstprüfung des Praktizierenden, der nun erkennt, wenn sein Geist der Erregung oder dem Sinken unterliegt.

Auf der **4. Stufe** wird der Geist stabiler und die Klarheit nimmt zu. Der Praktizierende kann seine Konzentration längere Zeit auf dem Objekt halten, indem er sofort Gegenmittel anwendet, wenn er Gefahr läuft, das Objekt zu verlieren. Diese 4. Stufe wird das „flickengleiche Üben" genannt. Bei dieser und den folgenden Stufen, bekommt der Elefant immer mehr weiße Flecken, bis der Mönch auf der 9. Stufe auf einem weißen Elefanten reiten/fliegen kann.

Auf der **5. Stufe,** die „Zähmung" genannt wird, kommen Erregung (Ablenkung) und Sinken sehr viel subtiler um die Ecke, und wir müssen mit Wachsamkeit sehr genau prüfen, was in unserem Geist passiert. Aber Achtung: wenn wir zu übertriebene Selbstprüfung an den Tag legen, fallen wir schnell ins Gegenteil. Insgesamt kann unser Geist das Objekt sehr klar und intensiv visualisieren, aber es ist noch mit Anstrengung verbunden.

Auf der **6. Stufe**, der Befriedung, bekämpft man weitestgehend die Erregung, die auf der 5.Stufe aufgrund der Anwendung des Gegenmittels gegen das Sinken aufgetreten ist. Wenn man die feine Erregung weitestgehend unterbinden kann, kommt man zur

Auf der 7. Stufe, der vollständigen Befriedung, erlebt man die Extreme von Sinken und Erregung gar nicht mehr. Der Praktizierende ist so geübt, dass er selbst kleinste Fehler sofort abwenden kann.

Ab der 7.Stufe wird es etwas entspannter. Auf der **8. Stufe,** der punktförmigen Ausrichtung, gibt es selbst vom subtilen Sinken und Erregung keine Spuren mehr. Man kann jetzt den Geist beliebig lange auf das Objekt richten, allerdings noch mit

Anstrengung. Hier spätestens kommt unsere Tatkraft ins Spiel.

Auf der **9. Stufe**, dem meditativen Gleichgewicht, ist der Praktizierende in der Lage, den Geist mühelos, d.h. ohne Anstrengung, auf ein Objekt zu richten für so lange Zeit, wie er möchte.

Die 9. Stufe ist zwar die höchste Ebene der Konzentration, die ein Geist in unserem sinnlichen Bereich erreichen kann, aber dennoch ist Shamatha, die Geistige Ruhe, noch nicht erreicht. Shamatha ist eine Vorstufe des Körperlichen Bereichs. Aber das sollte uns nicht davon abbringen, einfach auf der 9. Stufe weiter zu üben. Was uns bisher fehlt, ist das „Glück der Leichtigkeit", die Gefügigkeit von Körper und Geist, die auch zwischen den Meditationen erhalten bleibt. Auf der Zeichnung /im Video fliegt der Mönch, reitend auf seinem Regenbogengeist, durch die Lüfte. Tatsächlich macht man die Erfahrung körperlicher und geistiger Leichtigkeit. Dies ist dann zwar schon sehr schön, aber auch noch nicht das Ende des Weges.

Aber, wenn wir Shamatha erreicht haben, sind wir schon ein gutes Stück weiter und können unseren gezähmten Geist so einsetzen, wie es für das Wohl der Wesen und für uns förderlich ist.

Übrigens: auch die moderne Wissenschaft bestätigt inzwischen, dass Meditation unser Gehirn verändert.

Leider hilft das alles nicht weiter, wenn wir nicht die Weisheit entwickeln. Auch die ersten vier Übungen der Bodhisattvas, wie z.B. Freigebigkeit oder Geduld, können uns auf einen falschen Weg führen, der den Wesen nicht hilft, wenn es nicht mit Weisheit einhergeht.

Die ersten 5 Vollkommenheiten gehören zur Methode. Die 6. Vollkommenheit ist die Weisheit und nur mit beiden zusammen (also Methode und Weisheit) kann man die Buddhaschaft erreichen. Die Meister vergleichen es oft mit einem Vogel: der braucht auch beide Flügel, um fliegen zu können. Ebenso brauchen wir beide Standbeine, Methode und Weisheit, um die Buddhaschaft zu erreichen.

Was bedeutet die **Übung der Weisheit**, wie übt man sich in der Weisheit? Bei den 12 Gliedern des Abhängigen Entstehens haben Sie schon einen ersten Eindruck in die Leerheit bekommen. Wir haben darüber gesprochen, dass wir nicht inhärent (aus uns selbst heraus) und nicht unabhängig existieren, auch wenn unser Geist uns das ständig vorspielt. Und eigentlich sind wir ja nur eine Benennung aufgrund unserer 5 Aggregate.

Schön, dass wir das schon besprochen haben, aber wie übt man das in einer analytischen Meditation? Und was ist eigentlich Weisheit?

Im Abidharma-Kompendium heißt es:

„Was ist Weisheit?

Genau analysierendes, umfassendes Verständnis aller Phänomene".

Zugegeben, dies ist ein hohes Ziel, aber dennoch kein Grund, sich überfordert von dem Thema abzuwenden. Alle Praktizierenden, die jetzt inzwischen Buddhas sind und alle großen Meister, haben die Übung auch schon geknackt und uns netterweise den Weg verraten, wie auch wir an diesem hohen Ziel ankommen können.

Die Übung der Weisheit beruht auf Vipassana, der Besonderen Einsicht, dies bedeutet, dass sie auf der Basis der Selbstlosigkeit der Person und der Phänomene erklärt wird.

Zwar haben wir schon über die Leerheit gesprochen, aber an dieser Stelle können wir das noch etwas vertiefen. Beginnen wir mit der Selbstlosigkeit der Person. Wir sitzen auf unserem Kissen und meditieren (analytisch). So denken wir.: „Schön, aber wer sitzt da eigentlichen auf dem Kissen, auf welchem

Kissen überhaupt?" Das wäre ein Beispiel für die Selbstlosigkeit der Person und der Phänomene.

Bevor Sie sich geistig ausradieren: natürlich sitzt Ihr konventionelles Ich auf dem Kissen. Ihre Existenz macht Ihnen niemand streitig! Aber Ihre absolute Existenz ist nicht so gestrickt, wie Sie gerade denken. Wenn Sie im Traum auf einem Kissen sitzen, ist es für Sie genauso wahr. Allerdings merken Sie, wenn Sie aufwachen und sich an den Traum erinnern, dass Ihr konventionelles Ich nicht auf einem Kissen gesessen hat, denn Sie lagen ja im Bett. Genauso erscheint es jetzt Ihrem Geist, dass Sie auf einem Kissen sitzen und dass dies wahr ist. Ist es aber nicht, auch das ist eine Illusion Ihres Geistes, nur Sie merken das erst, wenn Sie eine direkte Einsicht in die Leerheit haben.

Für mich ist es eine schöne Bezeichnung, Buddha als den „Erwachten" zu bezeichnen. Er ist nicht nur aus einem Traum, sondern aus dem Daseinskreislauf erwacht, als er erkannte, was uns unser Geist immerzu, über viele Leben seit anfangsloser Zeit, vortäuscht.

So, aber wie üben wir das jetzt? Zurück zu Ihnen und Ihrer Matte. Wo oder was ist denn Ihr Selbst? Sie werden erkennen, dass Sie sich selbst nicht finden können. Sie sind nicht Ihr Arm, sind nicht Ihr Auge, nicht Ihre Gedanken, nicht Ihre Knochen, nicht Ihre Gewebeflüssigkeit, nicht Ihre Lebenseinstellung. Sie sind nicht Ihre Einzelteile, nicht Ihre einzelnen Bewusstseinsmomente, nicht Ihr Ganzes. Nichts von alledem existiert aus sich selbst heraus (inhärent), wahrhaft oder unabhängig. Alles ist abhängig entstanden aus den Ursachen, die diese Wirkungen hervorgerufen haben. Sie als Person bestehen auch nur dem Namen nach, auf der Basis der Benennungsgrundlagen. Sie existieren nicht aus sich selbst heraus, nicht wahrhaft (bedeutet, dass sie in einer Weise beschaffen sind, aber in einer anderen Weise erscheinen) und nicht unabhängig.

Aber es gibt noch eine subtile Ebene: die Phänomene sind abhängig von einem erfassenden Bewusstsein. Dabei handelt es sich um eine gegenseitige Abhängigkeit: der Abhängigkeit des Objekts vom Bewusstsein und des erfassenden Bewusstseins vom erfassten Objekt. Also besteht alles, was existiert, in Abhängigkeit von anderem und vom erfasst werden.

Hier möchte ich anmerken, dass in der Quantenphysik der Beobachter auch die Wirklichkeit verändert. Es ist nicht so, dass wir als Zuschauer passiv das Leben betrachten. Unsere Präsenz als Zuschauer nimmt Einfluss auf die Teilchen ...

Warum ist das wichtig für uns, was haben wir davon, wenn wir verstehen, wie wir, wie die Phänomene existieren? Wir können es als Gegenmittel einsetzen, wenn Wut oder Anhaftung aufkommen.

Stellen Sie sich vor, jemand, den Sie nicht mögen, kommt schnellen Schrittes auf Sie zu. Aber wer ist das eigentlich? Ist der Körper die Person? Ist der Geist die Person? Stört Sie die Erscheinung dieser Person? Jedenfalls man kann auf nichts zeigen, was diese Person wirklich ist. Also: was oder wen mögen Sie da eigentlich nicht?

Wenn Sie sich in der analytischen Meditation vorstellen, dass das Objekt Ihrer Begierde auf Sie zukommt, werden Sie das auf der absoluten Ebene auch nicht finden.

Wenn Sie das wirklich hinterfragen, können Hass und Begierde nicht mehr so leicht aufkommen. Und wenn Sie die Leerheit verstehen und dann auch noch die direkte Erfahrung der Leerheit machen, sind Sie ein gutes Stück weiter auf dem Weg in die Freiheit aus dem Daseinskreislauf.

Und da wollten wir ja hin.

18 Tantra: Sexratgeber oder Dharma auf der Überholspur?

Inzwischen sind wir als Bodhisattvas im Mahayana, im Großen Fahrzeug, angekommen und übernehmen die Verantwortung, für das Wohl aller Wesen Sorge zu tragen. Damit das für die Wesen gutgeht, wollen wir dafür die Buddhaschaft erreichen. Außerdem haben wir Entsagung entwickelt, d.h. wir möchten raus aus diesem leidvollen Daseinskreislauf. Die Leerheit haben wir wenigstens intellektuell verstanden. Somit haben wir gute Voraussetzungen für den tantrischen Weg gelegt.

Wir haben eine menschliche Geburt erlangt und das seltene Glück, dass Buddha Shakyamuni das Geheime Fahrzeug, das Mantrayana, auch Vajrayana, Tantra oder Resultierendes Fahrzeug genannt, gelehrt hat.

Das ist wirklich sehr, sehr selten!!!! Obwohl wir im Zeitalter der Degeneration leben, leben wir – über einen längeren Zeitraum betrachtet – in einer Zeit, in der 1000 Buddhas lehren. Nur 2 davon – so die Vorhersage – unterrichten den tantrischen Weg: Buddha Shakyamuni und der letzte der 1000 Buddhas. Zu allen anderen Zeiten ist der Geist der Wesen nicht in der Lage, die tantrischen Lehren zu verstehen und umzusetzen.

Warum hat Buddha Shakyamuni den tantrischen Weg gelehrt?

Im Normalfall - dem Sutrayana, dem Vollkommenheitsfahrzeug, das sich an den grundlegenden Lehrreden des Buddha orientiert - ist so ein Bodhisattva vom Entschluss, das Wohl aller (ohne Ausnahme!) Lebewesen bewirken zu wollen bis zum Erreichen der Buddhaschaft drei Äonen zahlloser Zeitalter unterwegs. Das sind Ewigkeiten! Wenn man den Wesen möglichst schnell richtig gut (also als Buddha) helfen will, braucht man einen schnelleren Weg. Im Tantra gibt es die Möglichkeit - im besten Fall innerhalb einer Lebensspanne - wesentlich schneller die Buddhaschaft zu erreichen. Meine Formulierung „im besten Fall" bezieht sich auf die karmischen Anlagen, die man in diese Existenz mitgebracht hat. Damit also möglichst vielen Wesen möglichst schnell geholfen werden kann, indem sie die Buddhaschaft erreichen, hat Buddha Shakyamuni den tantrischen Pfad gelehrt.

Hört sich für unsere Ohren komfortabel an, aber die Bodhisattvas haben den Egoismus längst hinter sich gelassen und freuen sich über diesen Weg nicht, weil ihnen viel erspart bleibt, sondern weil sie schneller richtig helfen können. Diesen

Weg betreten und auf ihm vorankommen kann man nur mit Hilfe eines authentischen tantrischen Meisters.

Warum führt der tantrische Weg schneller zur Buddhaschaft als der „normale" Sutraweg?

Der Sutraweg, auch „Vollkommenheitsfahrzeug" genannt, orientiert sich an den grundlegenden Reden des Buddha, nach denen man die Leidenschaften aufgibt und die Schleier vor der Vollkommenheit beseitigt. Bis man die Vollkommenheit erreicht hat, braucht es nun mal seine Zeit … Manchmal wird es auch „Ursachenfahrzeug" genannt, weil man die Ursachen für die Buddhaschaft setzt.

Das tantrische Fahrzeug wird auch das „Resultatsfahrzeug" genannt, weil man das Resultat, also den Zustand eines Buddha, einübt.

So übt man das Guru-Yoga, in dem man sich selbst als ein Buddha vorstellt. Es wird auch Gottheiten-Yoga genannt, da man sich als Buddha in der Form einer bestimmten Gottheit vorstellt. So wird es auch verständlich, dass man sich nicht einfach von sich aus als Gottheit x vorstellen kann, sondern dass man einen Lehrer braucht, der einem die Zustimmung der

Gottheit vermitteln kann. Auf unserer weltlichen Ebene können Sie sich auch nicht einfach als Brad Pitt ausgeben, nur weil sie ihn toll finden.

Ein Buddha ist rein, d.h. er hat alle Leidenschaften samt ihrer Wurzeln und alle Schleier vor der Unwissenheit überwunden.

Man übt daher die Vier Reinheiten:
- Der eigene Körper ist der Körper der Gottheit
- Die Umgebung ist die eines Buddha und damit rein
- Die eigenen Handlungen sind rein, da es Handlungen eines Buddha sind
- Alle Genussobjekte, die man wahrnimmt/zu sich nimmt, sind rein

Für alle Punkte ist die Kraft der Visualisation (Vorstellungskraft) sehr wichtig. Indem wir uns vorstellen, die göttlichen Eigenschaften der Meditationsgottheit zu besitzen, können wir schneller diesen Zustand erreichen.

Was bedeutet es, dass alle Genussobjekte rein sind? Selbst unreine Substanzen, wie z.B. Kot oder Eiter, werden als rein empfunden. Wir können alle Wahrnehmungen unserer Sinne in den Weg zur Befreiung aufnehmen, denn für einen Buddha gibt es nichts Unreines mehr.

Im Tantra werden die Leidenschaften in den Weg genommen. Im Ursachenfahrzeug (Sutraweg) verdeutlicht man sich die Nachteile des Objektes, wenn Begierde aufkommt. Man nimmt Abstand davon.

Im Tantra geht man den Leidenschaften nicht aus dem Weg, sondern übt, die Leidenschaften zu nutzen, um sie unschädlich zu machen.

Da Hass und Begierde sehr kraftvolle Emotionen sind, die überwunden werden sollen, treten die meisten tantrischen Gottheiten in zornvoller Form auf, zumindest im Höchsten Yogatantra, da man sich hier mit den starken Emotionen auseinandersetzt.

Die Vereinigung bezieht sich grundsätzlich auf die Vereinigung von Methode und Weisheit bzw. Glückseligkeit und Leerheit.

Dies bedeutet, dass man, während man die Glückseligkeit erfährt, auch die Leerheit im Geist halten muss. Um nicht unter die Macht der Begierde zu fallen, sondern sie zu überwinden (sie sozusagen mit ihren eigenen Waffen zu schlagen), muss man die Leidenschaften im Geist weitestgehend beherrschen, was erst auf den höheren Ebenen der Bodhisattvastufen (ab der achten) der Fall ist. Sie können sich vorstellen, dass man seinen Geist schon gut gezähmt haben muss.

Wie funktioniert das?

Indem Sie sich auf das Resultat, die Buddhaschaft, fokussieren, sich also immer und immer wieder als Gottheit hervorbringen und das Wohl der Wesen bewirken möchten, rufen Sie das Ergebnis herbei. Selbst unsere Wissenschaft hat erkannt, dass die geistige Ausrichtung viel ausmachen kann. Wenn Sie es glauben, hilft sogar ein Placebo, es muss nicht einmal eine Original-Kopfschmerztablette sein ...

Achtung: Sollten Sie sich als Gottheit hervorbringen und Überheblichkeit und/oder Arroganz aufkommen oder sich Ihr Ego aufplustern, sind Sie irgendwie auf dem falschen Weg.

Aber wie kam es dazu, dass wir unter Tantra sexuelle Praktiken verstehen?

Schon in den in den ältesten Schriften Indiens, den Veden, wurde Tantra als spiritueller Pfad erwähnt. Im Hinduismus gab es verschiedene Schwerpunkte in Bezug auf die Gottheiten, z.B. in der Verehrung von Shiva oder Kali. Die Rezitation von Mantren und die Methode, durch Konzentration auf den Atem und die feinstofflichen Winde Wirkungen auf das Bewusstsein hervorzurufen, gibt es seit Jahrtausenden.

Viele kennen den Begriff Kama Sutra und wissen, dass es sich um einen (mittlerweile bebilderten) hinduistischen Text aus dem alten Indien handelt.

Es gibt in Indien die Philosophie der 4 Lebensziele (Purushartas), die man erreichen sollte (Quelle Wikipedia):

1. Dharma: ethisches Verhalten
2. Artha: materieller Reichtum
3. Kama: erotisches Vergnügen
4. Moksha: Befreiung (aus dem Kreislauf von Tod und Wiedergeburt)

Erotisches Vergnügen ist also hierbei nicht unwichtig. Das Kama-Sutra (in der Form von Vatsyayana) umfasst 1250 Sanskrit-Verse, in denen umfassend auch über das Verhalten von Mann und Frau, von Kurtisanen und über Brautwerbung informiert wird. Die 64 Arten der Sexualpraktiken sind nur ein kleiner Teil des kompletten Werkes. Dieses Werk und die Schriften zum Tantra sind Teil des hinduistischen Weltbildes.

Bevor Buddha Shakyamuni und später der von ihm vorhergesagte Padmansambhava Tantra lehrten, wurde Tantra in Indien also schon lange praktiziert, aber: die Motivation, der Übungsweg und das Resultat sind im buddhistischen Verständnis des Begriffs Tantra ganz verschieden …

Die Motivation ist nicht ein persönliches Vergnügen, sondern der Entschluss zum Wohle aller Wesen die Buddhaschaft zu erreichen. Das hört sich nach völlig unerotischem Stress an. Aber das hat einen ganz anderen pragmatischen Grund: die Buddhaschaft wird auf der subtilsten Ebene des Geistes erreicht. Hierfür bietet das menschliche Energiesystem die besten Möglichkeiten. Der subtile Geist ist an subtile Winde gebunden, die durch Kanäle und Chakren fließen. Diese bewusst zu steuern, kann eine tiefe Glückseligkeit hervorrufen. Das ist der Methodeaspekt. Wenn wir dies mit der Leerheit verbinden (zunächst intellektuell, dann durch die direkte Einsicht in die Leerheit) ist das der Weisheitsaspekt. Beim Erreichen der Buddhaschaft sind Methode und Weisheit untrennbar eins – das ist der Übungsweg. Auch das Ergebnis ist ein anderes als in der hinduistischen Tradition: es ist die Buddhaschaft.

Es herrscht das Vorurteil, dass Buddhismus nur über Leiden spricht. Genau genommen, kommt die **Freude** viel häufiger vor: Freude über die menschliche Geburt, über die Möglichkeit, sich aus dem leidvollen Daseinskreislauf befreien zu können, die Glückseligkeit, die man im Höchsten Yogatantra erreichen kann und auch die Freude, dass Buddha Shakyamuni Tantra gelehrt hat – und wir auf diese Belehrungen gestoßen sind. Sie sind so überaus selten, dass es ein großer Grund zur Freude ist!

19 Der liebevolle Zorn – die vielen Gesichter des Buddha

Letztes Mal haben wir über Tantra gesprochen und die Vereinigung von Methode und Weisheit. Damit haben wir alle großen Zusammenhänge besprochen, die wir benötigen, um uns ein wenig (ansatzweise) in der buddhistischen Lehre zurechtzufinden.

Was uns noch fehlt, um Abbildungen oder Statuen, die uns in Büchern bzw. Tempeln oder Museen begegnen, einordnen zu können, ist eine kurze Erklärung der verschiedenen Erscheinungsformen des Buddha. Warum treffen wir auf verschiedene Farben, verschieden viele Arme und/oder Beine, verschiedene Attribute?

Im Theravada (und den Ländern, in denen der Theravada Buddhismus praktiziert wird) begegnet uns nur Buddha Shakyamuni. Mal sitzend, mal stehend, mal liegend, aber das war's. Im Mahayana Buddhismus und speziell in der tibetischen Form des Mahayana-Buddhismus begegnen uns geradezu unübersichtlich viele Buddhas und Bodhisattvas und weitere, die nicht immer Buddhas sein müssen. Manche waren früher Dämonen, die zum Schützer des Buddhismus umgestimmt wurden.

Bestimmt könnte man viele Vorträge darüber halten, aber ich möchte Ihnen nur einen kurzen Einblick geben, bevor das große Angebot an Möglichkeiten Sie irritiert.

Meistens begegnen uns männliche Buddhas, nur selten weibliche. Warum ist es so? Buddhas erscheinen immer in der Form, in der sie den Wesen am besten helfen können. In einer Gesellschaft, in der Männer mehr Einfluss und Macht haben, kann ein Buddha in männlicher Form mehr bewegen, mehr verändern. Das bedeutet nicht, dass Frauen weniger intelligent oder unwichtig wären. Im Gegenteil. Ohne Frauen kann die Dualität nicht überwunden werden und Prajnaparamita (weiblicher Buddha der Weisheit) mit ihren Erscheinungsformen z.B. als Tara, gilt als die Mutter aller Buddhas. Auch aktuell gibt es große verwirklichte Meisterinnen, die sogar in Europa Unterweisungen geben.

Ganz offensichtlich ist eine weitere Unterteilung: die in friedvolle und zornvolle Gottheiten. Vielleicht fragen Sie sich, warum eine Gottheit überhaupt zornvoll sein kann. Im Buddhismus empfindet man doch Mitgefühl. Wie passt dann der Zorn dazu?

Vielleicht kennen Sie solche Situationen, in denen sie liebevoll, zärtlich, mitfühlend diverse Male mit jemandem sprechen, weil Sie merken, dass er sonst, wenn er sich so verhält, wie er gern möchte, in großes Leiden geraten wird. Manchmal nimmt Ihr Gesprächspartner Ihre Ratschläge nicht an. Das ist nicht schlimm, denn Ratschläge von Unerleuchteten müssen nicht immer optimal passen, aber auch für einen Buddha sind nicht alle Wesen offen. Und so kann es sein, dass ein Buddha zornvoll auftreten muss, um einem Wesen helfen zu können. Dann muss er vielleicht zulassen, dass ein Wesen leidet, um ihm zu helfen. Sie können sich vorstellen, dass sein Mitgefühl um Vieles größer sein muss und auch seine Verantwortung um Vieles größer ist, wenn er zulassen oder veranlassen muss, dass ein Wesen leidet, weil er nur so dem Wesen helfen kann. Die zornvolle Form eines Buddha hat also nichts mit Hass oder Aggression zu tun, da ein Buddha die Leidenschaften überwunden hat.

Die meisten Gottheiten wie z.B. Tara und Chenresig (tib., Avalokiteshvara, skr.) sind friedvoll. Dies bedeutet, die Hindernisse können friedvoll überwunden werden. Das, was überwunden wird, sind immer die Leidenschaften und die Schleier vor der Allwissenheit. Feinde sind immer diese beiden Hindernisse in unserem Geist, nie äußere Wesen.

Wenn Sie also eine Gottheit mit einem Schwert in der Hand sehen, wird mit diesem Schwert die Unwissenheit besiegt. Die bekannteste Gottheit ist Manjushri.

Im Höchsten Yogatantra, wenn man die kraftvollen Leidenschaften besiegen will, muss man selbst starke Gegenmittel auffahren. Deshalb sind die meisten Gottheiten im Höchsten Yogatantra zornvoll. Meist stehen sie auf Wesen, die die besiegten Leidenschaften und Schleier vor der Allwissenheit versinnbildlichen.

Aber warum gibt es auch noch Gottheiten in verschiedenen Farben und mit einer unterschiedlichen Anzahl von Köpfen und Gliedmaßen?

Die verschiedenen Farben symbolisieren die verschiedenen Aktivitäten der Buddhas:

Weiß: friedvoll

Gelb: vermehrend

Rot: machtvoll

Schwarz: zornvoll

Die grüne Farbe steht für die Ausübung aller Aktivitäten. Bekanntestes Beispiel hierfür ist die Grüne Tara, ein weiblicher Buddha. Das bedeutet nicht, dass nur die grüne Tara alle Aktivitäten ausübt! Jeder Buddha beherrscht alle Aktivitäten. Die verschiedenen Farben sind nur Hilfskrücken für unseren unerleuchteten Geist, um verschiedene Aspekte hervorzuheben. So gibt es auch weiße Taras, rote, gelbe und schwarze ...

Beispiele für Gottheiten in weißer Körperfarbe sind Chenresig (tib., Avalokiteshvara skr.), der Bodhisattva des allumfassenden Mitgefühls und Vajrasattva, der mit seiner weißen Farbe für die Reinheit, das Freisein von allen Befleckungen darstellt.

Chenresig wird oft mit 4 Armen -zwei halten ein Juwel, ein Arm einen Lotus (Symbol für Reinheit) und ein Arm eine Mala (Gebetskette) - oder mit 1000 Armen dargestellt.

Vajrasattva hält immer ein Vajra (Symbol für Methode) und eine Glocke (Symbol für Weisheit) in den Händen.

Gelb steht für die Vermehrung von Verdiensten und Weisheit. Bestes Beispiel ist Manjushri, der nicht nur in der rechten Hand ein Schwert hält, um die Unwissenheit anzuschneiden, sondern auch in der linken Hand einen Lotus, auf dem ein Buch mit dem Weisheitssutra (Prajnaparamitasutra) liegt, das die Weisheit vermehrt.

Machtvoll ist jemand, der attraktiv (anziehend) ist und damit die Aufmerksamkeit auf sich lenkt, um so helfen zu können, so z.B. die rote Vajrayogini, eine weibliche Gottheit aus dem Höchsten Yogatantra.

Zu den zornvollen Gottheiten gehört z.B. Yamantaka, der Besieger des Todes. Er wird meist mit 9 Gesichtern, 34 Armen und 16 Beinen dargestellt. Der Hauptkopf ist dunkelblau mit 2 Büffelhörnern und 3 Augen. Umgeben ist er von einem Flammenmeer.

Wie kam es zu dieser Darstellungsform und was bedeutet sie?

In der indischen Mythologie wird Yama, der Gott des Todes, mit einem Büffelkopf dargestellt. Er steht für unsere Unwissenheit, die uns an den unfreiwilligen Kreislauf der Wiedergeburten bindet. Also hat Manjushri, der Bodhisattva der Weisheit, sich als Yama hervorgebracht, 8 weitere Köpfe, eine Vielzahl von Armen und Beinen hinzugenommen, sich extrem groß dargestellt und ist zum Herrn des Todes hinabgestiegen. Bei diesem furchterregenden Anblick hat sich Yama buchstäblich zu Tode erschrocken und wurde damit überwunden. Im übertragenen Sinne hat die Weisheit die Unwissenheit besiegt. Auch die Darstellung der Feueraureole, des Flammenmeeres, symbolisiert das Verbrennen der Unwissenheit. Aus großem Mitgefühl heraus hat sich Manjushri in der zornvollen Form als Yamantaka hervorgebracht und gibt uns damit ein machtvolles Instrument in die Hand, um dem leidvollen Kreislauf von Tod und Wiedergeburten zu entkommen, indem wir durch seine Praxis die Unwissenheit überwinden.

Im tibetischen Buddhismus gibt es sehr viele zornvolle Gottheiten. Eine der Ursachen liegt in der vorbuddhistischen Bön-Religion in Tibet. In ihrer schamanistisch-animistischen Tradition gab es viele Dämonen. Padmasambhava, von Tibetern liebevoll Guru Rinpoche genannt und von Buddha Shakyamuni prophezeit, kam aus Indien nach Tibet und befriedete die Dämonen. Sie wurden zu zornvollen Beschützern des Buddhismus. Padmasambhava wird auch als 2.Buddha bezeichnet. Er war ein großer Tantriker und versprach, dass er sich um die tantrischen Schüler kümmern werde auch in der Zeit, in der kein Buddha erscheint oder der erscheinende Buddha nicht tanrische Belehrungen gibt.

Egal, wie uns die Buddhas und Bodhisattvas erscheinen: in männlicher oder weiblicher Form, friedvoll oder zornvoll, in Seidengewändern gekleidet oder mit Knochenschmuck: sie erscheinen unserem Geist. Für manch einen ist der dunkelblaue Medizinbuddha hilfreich, andere ziehen vielleicht den weißen Chenresig, den Bodhisattva des Großen Mitgefühls vor. Da jedes Wesen andere Vorlieben hat, erscheinen die Buddhas auch in verschiedenen Formen und Farben. Besonders ausgeprägt ist das im tibetischen Buddhismus. Mit dieser kleinen Erklärung können Sie Bücher über den tibetischen Buddhismus lesen oder später auch mal einen Tempel besuchen, ohne sich zu wundern oder sich gar zu erschrecken.

20 Ausblick: Frieden

So meine Lieben, wir haben uns jetzt gemeinsam angeschaut, wie eine Reise in eine bessere Zukunft aussehen könnte und welche Möglichkeiten es gibt, auf dem Weg voranzukommen und Leid in Freude umzuwandeln.

Da alles in unserem Geist abläuft, kann auch nur jeder in seinem eigenen Geist die Filter seiner Excel-Tabelle verändern. Frieden beginnt in uns und mit uns. Haben Sie Geduld und Mitgefühl auch mit sich. Es braucht halt Zeit, bis man die Kontrolle über seinen Geist gewinnt, das Ego zurücknimmt, Gleichmut erlangt und alle Leidenschaften und die Schleier vor der Unwissenheit bereinigt hat. Seit anfangsloser Zeit sind wir unterwegs und wir müssen uns umgewöhnen.

Da der Geist der anderen Wesen ähnlich bewölkt ist wie unserer und wir alle trotz unserer Buddhanatur die Wolken noch nicht aufgelöst und die Buddhaschaft noch nicht erreicht haben, ist es gut, allen anderen Wesen mit Geduld und Mitgefühl gegenüberzutreten.

Auch wenn Sie in diesem Leben unheilsame Handlungen begangen haben, so sind Sie deswegen keine schlechten Menschen. Auch Sie – wie alle Wesen – haben die Buddhanatur und können das Negative bereinigen, heilsame Handlungen begehen und Ihren Geist zähmen.

Es ist auch völlig okay, wenn Sie die buddhistische Philosophie nicht in ihre persönliche Favoritenliste aufnehmen möchten. Wichtiger ist es, das eigene Herz für andere Wesen zu öffnen. Ein liebevoller Umgang mit anderen kann in jeder Form von Alltag Türen und Herzen öffnen und damit Frieden bringen.

Alles ist Veränderung und es liegt an uns, ob wir etwas zum Positiven oder Negativen verändern. Dies ist nicht nur im Buddhismus so, auch in der Quantenphysik wurde es so bestätigt.

Durch unsere Wiedergeburten im Daseinskreislauf sind wir an den Punkt gekommen festzustellen, dass es sich eh verändert, ob wir Männlein oder Weiblein sind, zu welcher Rasse, Nationalität oder Religion wir gehören. Auch unsere Freunde, Feinde, Partner, Familienangehörige oder Chefs stehen nicht bis in die Ewigkeit fest. Das hilft uns, loszulassen und den Geist zu weiten. Auch diese Entspanntheit trägt zum Frieden für uns und für andere bei.

Es wird daher auch verständlich, dass der Buddhismus ein Wesen nicht ausgrenzt oder verurteilt, sondern es mit ins Boot nimmt und ggf. positiv umstimmt (man denke an Padmasambhava). Buddhismus gibt es in vielen Ländern, jedes mit einer eigenen Kultur und vorangegangenen Religion. Im tibetischen Buddhismus wurden Gottheiten in den Buddhismus aufgenommen, ehemalige Dämonen zu Schützern der buddhistischen Lehre. Menschen- und Tieropfer hat der Buddhismus abgeschafft, und lässt in den übernommenen Ritualen die Tiere wieder frei bzw. nutzt Opferkuchen stattdessen. So wie in Tibet gibt es in jedem Land Ergänzungen oder Besonderheiten im Buddhismus. Auch das schafft Frieden.

Ich freue mich, dass Sie diesen Weg mit mir zusammen betrachtet haben und wünsche Ihnen von Herzen für Ihre Zukunft ganz viel Freude und Glück, ein großes, liebevolles Herz und dass jegliches Leiden ein Ende haben möge!

Liebe Leser, liebe Leserinnen,

für Sie zur Information habe ich eine ganz persönliche Liste mit Bücherempfehlungen erstellt, Ihnen im Anhang in einfachen Worten ein Glossar zusammengestellt und die Zentren aufgelistet, in denen Fernstudiengänge angeboten werden.

Mit den gleichen guten Wünschen wie für die Gefangenen (schließlich sind wir ja alle Gefangene!)

Evelyn Haferkorn-Müller

Anhang

Buddhistische Zentren mit Fernstudienangeboten:

Tibetisches Zentrum e.V.

Hermann-Balk- Str. 106

22147 Hamburg

Tel.: 040 64492204

E-Mail: anmeldung@tibet.de

www.tibet.de

Tibet-Zentrum Hannover

Samten Dargye Ling e.V.

Odeonstr.2

30159 Hannover

Tel.: 0511 5690030

E-Mail: info@samtendargyeling.de

www.tibet-zentrum.de

Tibethaus Deutschland e.V. Frankfurt

Georg-Voigt-Str. 4

60325 Frankfurt am Main

Tel.: 069 7191 3595

E-Mail: info@tibethaus.com

www.tibethaus.com

Weiterführende Literatur

Gampopa: Der kostbare Schmuck der Befreiung, Theseus Verlag 1996

Geshe Thubten Ngawang: Mit allem verbunden, Diamamt Verlag 2005

Tsongkapa: Der Mittlere Stufenweg, Diamant Verlag 2007

Lama Sherab Gyaltsen Amipa: Geistesschulung im Tibetischen Buddhismus, Ansata Verlag 1986

Kongpo Lama Jesche Tsöndri: Die Elixiere der Erleuchtung, Dharmata Verlag 2002

Nyānaponika: Im Lichte des Dhamma, Buddhistische Texte, Verlag Christiani 1989,

Shāntideva: Anleitungen auf dem Weg zur Glückseligkeit, Bodhicaryāvatāra, O.W.Barth Verlag 2005

S.H. Dalai Lama: Die Buddhanatur, Aquamarin Verlag 2002

S.H. Dalai Lama: Der Gesang der inneren Erfahrung, Dharma Edition 1993

S.H. Dalai Lama: Der Weg zum Glück, Herder Verlag 2011

S.H. Dalai Lama: Der Stufenweg zu Klarheit, Güte und Weisheit, Diamant Verlag 1998

Matthieu Ricard, Trinh Xuan Thuan: Quantum und Lotus – vom Urknall zur Erleuchtung, Goldmann Arkana 2008

Geshe Rabten: Freude, Dharma Edition 2008

Geshe Rabten: Stufen des Bewußtseins, Edition Rabten 2000

Geshe Rabten: Der Geist und seine Funktionen, Edition Rabten 2008

Lati Rinpoche: Bewusstsein und Erkenntnis im tibetischen Buddhismus, Diamant Verlag 2011

Dzogchen Ponlop Rinpoche: Rebell Buddha – Aufbruch in die Freiheit, MensSana 2012

Stephen Batchelor: Bekenntnisse eines ungläubigen Buddhisten, Herder Verlag 2010

Ayya Khema: Ohne mich ist das Leben ganz einfach, Jhana Verlag 2012

Lama Zopa Rinpoche: Geist und Körper, Diamant Verlag 2001

Geshe Pema Samten: KARMA – Schicksal oder Chance?, Edition Blumenau 2010

Geshe Pema Samten: Wunschgebete – Glück kann man üben, Edition Blumenau 2014

W.Y.Evans-Wentz: Milarepa – Tibets großer Yogi, O.W.Barth Verlag 2001

Shabkar: Das Leben des Shabkar – Autobiographie eines tibetischen Yogi, Manjugosha Edition 2011

Glossar

Abhidharmakosha	Großes Werk des Verfassers Vasubandhu
Ajatasatru	Sohn von König Bimbisara
Alexander der Große	König der Mazedonier (antikes Griechenland), 353-323 v.Chr.
Amravana	Jivakas Mangogarten
Anagarika Dharmapala	1864 bis 1933, Buddhist aus Sri Lanka, ließ den Buddhismus in Indien wieder aufleben, indem er die Wirkorte des Buddha wieder aufbaute
Ananda	Schüler des Buddha
Angulimala	Mörder, den der Buddha in seinen Mönchsorden aufnahm
Arhat	Überwinder von Gegnern, „Feindzerstörer" (Feinde sind die Geistesplagen!)
Arhatschaft	Geistiger Zustand eines Feindzerstörers; er hat die Leidenschaften im eigenen Geist überwunden
Arya	Heiliger, d.h. jemand, der die direkte Einsicht in die Leerheit hat

Ashoka	268-239 v.Chr., jüngster Sohn des Maurya-Königs Bindusara; verhalf sich mit einem Staatsstreich an die Macht, führte die Schlacht von Kalinga sehr blutig. Danach stieß er auf die Lehre des Buddha, wandte sich von Gewalt ab und verbreitete die Lehre des Buddha mit Edikten.
Asita	ein Weiser, der voraussagte, dass Prinz Siddharta entweder ein mächtiger Herrscher oder ein Asket werden würde
Atman	Unsterbliche, unzerstörbare, individuelle Seele (Hinduismus)
Ausritte	Prinz Siddharta begegnet einem Greis, einem Pestkranken, einem Trauerzug und einem Asketen
Ausstattungen	auch als 10 günstige Bedingungen bezeichnet
Avalokitshvara	Skr., (tib. Chenresig), der Buddha/Bodhisattva des unendlichen Mitgefühls
Bardo	Zwischenzustand zwischen Tod und neuer Existenz

Befleckt	Unsere Leidenschaften führen zu befleckten Taten und so sammeln wir negatives Karma an. Daraus kann man schließen, dass alles Befleckte zu Leiden führt.
Bereiche	s. Daseinsbereiche
Bimbisara	König von Magadha
Bodhgaya	Antiker Name Uruvela (Pali), an diesem Ort erreichte Siddharta Gautama die Erleuchtung und wurde zu Buddha Shakyamuni
Bodhibaum	s. Pipalbaum
Bodhisattva	Jemand, der die Verantwortung auf sich nimmt, die Buddhaschaft zu erreichen, um allen Wesen helfen zu können, damit diese die Buddhaschaft und damit die Leidfreiheit erlangen können.
Brahma	Einer der 3 Hauptgötter des Hinduismus, der „Schöpfer"
Brahmane	Priester, oberste Kaste des Hinduismus

Buddha	Stammt aus dem Mittelindischen vom Wort „budh" = erwachen. Der Erwachte, der Erleuchtete ist jemand, der die Leidenschaften und die Schleier vor der Allwissenheit überwunden und alle Vollkommenheiten erreicht hat
Buddha Shakyamuni	Der historische Buddha, der in Nordindien ca. 563-483 v.Chr. (unterschiedliche Daten je nach Historiker) gelebt hat
Buddha, nächster	Maitreya
Buddha, vorangegangene	Dipamkara, Kanakamuni, Kashyapa (Shakyamuni ist der Vierte gemäß der Mahayana-Tradition)
Channa	Untertan von Prinz Siddharta
Chökor-Düchen	Buddh. Feiertag: Buddha setzte das Rad der Lehre in Gang
Dalai Lama	Aktuell die 14.Reinkarnation eines großen tibetischen Meisters, Oberhaupt der Gelug-Tradition
Daseinsbereiche	Bereich der Begierde, der Form, der Formlosigkeit,

	wir sind im Bereich der Begierde, dort gibt es 3 niedere Bereiche (Höllen, Hungergeister, Tiere) und 3 höhere Bereiche (Menschen, Halbgötter, (weltliche) Götter)
Debatte	Buddhistische Praxis zur Schulung des Geistes
Dharma	u.a. Begriff für die buddhistische Lehre
Dhyanibuddhas	Verkörperung von fünf Weisheitsaspekten
Eindrücke	Karmische Samen/Spuren in unserem Bewusstsein
Elemente	Erde, Wasser, Feuer, Wind
Entsagung	Den Wunsch zu entwickeln, sich aus dem leidvollen Daseinskreislauf zu befreien
Erdberührungsmudra	Die rechte Hand berührt die Erde, die bezeugt, dass die Erleuchtung erreicht wurde
Erleuchtung	Buddhaschaft
Erregung	Fehler bei der Meditation: man schweift vom Meditationsobjekt ab
Fehler des Gefäßes	Umgedreht, verschmutzt, löchrig

Freiheiten	Wenn man nicht den 8 Zuständen von mangelnder Muße oder ungünstigen Zuständen unterliegt, bezeichnet man das als 8 Freiheiten
Gampopa	Tibetischer Meister 1079-1153
Gandhara Kultur	prägt die Darstellung des Buddha im greko-baktischen Stil
Gaya	Stadt in der Nähe von Bodhgaya. Gaya ist eine heilige Stadt der Hindus, Bodhgaya die der Buddhisten
Geburt	Moment der Empfängnis; es gibt 4 Arten: aus dem Ei, aus dem Mutterleib, durch Feuchtigkeit und Wärme, spontane Geburt
Geheimes Mantra	s. Mantrafahrzeug
Gelugpa	Eine der tibetischen Traditionen, deren Oberhaupt S.H. Dalai Lama ist, wurde geprägt von Je Tsongkapa
Gemeinschaft	4 Arten: Mönche, Nonnen, männliche und weibliche Laienanhänger

Geshe	Titel des Professors einer tib. Klosteruniversität
Gom	tib.: Meditation: den Geist an etwas gewöhnen
Gopa Yashodhara	Ehefrau von Prinz Siddharta
Gotama/Gautama	Familienname von Prinz Siddharta, dem späteren Buddha Shakyamuni
Gottheiten-Yoga	Tantrische Praxis, sich selbst als Gottheit vorzustellen
Griddhakutta Hill	Geiergipfel (Berg) in Rajgir
Großes Fahrzeug	s. Mahayana
Gupta	Indisches Königreich 280-550 n.Chr.
Herz-Sutra	Kurze Lehrrede: Herzessenz der Weisheitslehren
Hinayana	„das Kleine Fahrzeug", im Hinayana strebt man für sich die Wiedergeburt in einem höheren Daseinsbereich oder für sich die Buddhaschaft an; das Hinayana bildet die Grundlage der buddhistischen Lehre
Hindu, Hinduismus	Es gibt keinen Stifter, keinen alleinigen Gott, dafür

	viele Richtungen, Traditionen und Lehren, alle glauben an „Brahman" (ein allumfassendes Prinzip), Wiedergeburt und Erlösung
Indra	Hinduistischer Gott
Je Tsongkapa	Großer tibetischer Meister, der den tibetischen Buddhismus reformierte, woraus die Gelugpa-Tradition hervorging
Jetavana	Klosteranlage in Shravasti
Jivaka	„Shivago" Leibarzt des Buddha und König Bimbisaras
Kâlâmer	Volksstamm in Nordindien
Kâlâmer-Sutra	Text = Zitat von der Webseite Buddhayana-ev.de
Kama Sutra	hinduistischer Text
Kanthaka	Pferd von Prinz Siddharta
Kapilavastu	Palast von König Shuddodana, dort wuchs Prinz Siddharta auf
Karma	skr. Handlung, Tat; bezeichnet auch die geistigen Anlagen im Bewusstsein durch körperliche, sprachliche und geistige Taten,

	auch Kurzbezeichnung für das Gesetz von Ursache und Wirkung
Karmapa	Inkarnationslinie, aktuell die 17. bewusste Wiedergeburt eines tib. Meisters, Hauptlinienhalter der Karma Kagyü Linie des tib. Buddhismus.
Khen Rinpoche Geshe Pema Samten	Tib. Lehrer im Tibetischen Zentrum e.V. Hamburg, spiritueller Leiter des Tibet-Zentrums Hannover und Abt des Dargye-Klosters in Dargye (Sichuan/China)
Kleines Fahrzeug	s. Hinayana
Klesha (Kleşa)	skr. Leidenschaften
Konzil, buddhistisches	Treffen von buddhistischen Meistern
Kosala, Königreich	Altes indisches Königreich, heute in Uttar.Pradesh (IN)
Krishna	Gott im Hinduismus, steht für Liebe, Mitgefühl, wird als 8. Inkarnation von Vishnu verehrt
Kusha-Gras	ein indisches Gras, das der Meditation förderlich sein soll

Kushinagar	Ort, an dem Buddha Shakyamuni vestarb
Lam Rim	Stufenweg zur Erleuchtung, Übungsweg, den Je Tsong-kapa zusammengestellt hat
Lama	tib.: Lehrer
Laotse	Chin. Laozi, chin.Philosoph 6.Jh.v. Chr.. Das Zitat stammt aus Kapitel 64 des Tao Te King lt. Wikiquote.org
Leerheit	Die Negation aus sich selbst heraus (inhärent), unabhängig und teilelos zu existieren
Leiden	3 Arten: Leid des Schmerzes, Leid des Wandels, allesdurchdringendes Leid
Lhaktong	tib. analytische Mediation, skr. Vipassana
Licchavis	Volksstamm und Herrschaftsgebiet um Vaishali zur Zeit des Buddha
Lo Rig	tib. der Bereich des Geistes, steht für die Geistesschulung
Lotussutra	Bekannte Lehrrede des Buddha, die sich aus vielen Kapiteln zusammensetzt

Lumbini	Geburtsort von Prinz Siddharta, heute in Nepal
Magadha	Um 500 v.Chr. Königreich in Nordindien (heute Bihar)
Mahabodhi Tempel	s. Kapitel 2 in Bodhgaya
Mahajanapadas	16 verbündete Staaten in Nordindien 4.-6.Jh. v.Chr.
Mahali	Unterstützer des Buddha aus dem Licchavi-Clan
Mahaprajapati	Stiefmutter von Prinz Siddharta
Mahavira	Der 24. und letzter Furtbereiter der Jains in diesem Zeitalter
Mahayana	Das „Große Fahrzeug". Groß deswegen, weil die Verantwortung, die man auf sich nimmt, als Bodhisattva das Wohl der anderen Wesen bewirken zu wollen, größer ist als für sich allein
Maitreya	Nächster zukünftiger Buddha
Mala	Gebetskette
Manjushri	Verkörpert die Weisheit aller Buddhas

Mantra	Silbe/Wort/Vers zur Anrufung/Gebet; Klang ist von Bedeutung
Mantrayana	Fahrzeug des Mantra, weitere Bezeichnung für das tantrische Fahrzeug
Mara	Dämon, am häufigsten gleichbedeutend mit Yama, dem Gott des Todes gebraucht
Medizinbuddha	Meist lapislazuliblauer Buddha, der in seinen Wunschgebeten für die Buddhaschaft versprochen hat, sich besonders um alle Kranken zu kümmern.
Mittlerer Weg	Buddh. Prinzip zur Vermeidung von Extremen generell, speziell zwischen Eternalismus und Nihilismus
Moghulen	Kaiserreich über einen großen Teil des indischen Subkontinents 1526-1858
Mudra	Häufigste Bedeutung: Geste mit den Händen
Muni	Asket, Weiser
Nagarjuna	2. Jh. n. Chr., indischer Meister der buddhistischen Philosophie

Nalanda	Größte buddhistische Universität, 5-12. Jh. n.Chr.
Nirvana	Auf Tibetisch: Nya-ngän lä-dä-pa. Nya.ngän bedeutet Leiden, Elend, Kummer; lä-da-pa bedeutet, etwas hinter sich gelassen haben (die Leidenschaften und die befleckten Taten)
Nuad Bo Rarn	Klassische traditionelle Thai-Massage
Pali-Kanon	Zusammenstellung der Lehrreden des Buddha in Pali-Sprache
Paramita	skr. Vollkommenheit
Paramitayana	Vollkommenheitsfahrzeug, s.Sutrayana
Phänomen	Eine der Übersetzungen des Sanskrit-Wortes Dharma, die Wurzel bedeutet tragen, halten. Ein Phänomen trägt allgemeine und spezifische Merkmale
Pipalbaum	Pappelfeige, ficus religiosa
Prajnaparamita	Vollkommenheit der Weisheit, auch Name für einen weiblichen Buddha

Produkt	Ein Produkt/Gestaltetes entsteht durch Ursachen und Umstände
Rad der Lehre	Begriff für eine größere Ansammlung an Lehrreden, die der Buddha gab (er drehte dreimal das Rad der Lehre)
Rahula	Sohn von Prinz Siddharte und Gopa Yashodhara
Rajgirha	Hauptstadt des Königreichs Magadha, bekannt durch den „Geiergipfel", auf dem der Buddha das 2.Mal das Rad der Lehre drehte
Resultierendes Fahrzeug	s. Tantra
Rishipattan	Antiker Name für Sarnath: der Ort, an dem die Weisen (Rishis) auf den Boden fielen (pattan)-durch Askese
Salbaum	Shorea robusta
Sanghamitra	Tochter von Kaiser Ashoka, die einen Ableger des Bodhibaums nach Sri Lanka brachte
Sanskrit, Abk. skr.	Frühere Hochsprache in Indien, ebenso wie Latein nicht mehr aktiv

Sarnath	Im Gazellenhain gab der Buddha auf Bitten der 5 Asketen zum ersten Mal Belehrungen (er drehte das Rad der Lehre zum 1.Mal)
Shakya	Adelsgeschlecht, zu dem die Familie von Prinz Siddharta Gautama gehörte
Shamatha	skr.: konzentrative Meditation
Shantideva	Großer indischer Meister, 7./8. Jh. n. Chr.
Shiné	tib. für skr. Shamatha: konzentrative Meditation, stilles Verweilen
Shiva	Einer der 3 Hauptgötter des Hinduismus: der Zerstörer
Shravasti	Hauptstadt des Königreichs Kosala
Shuddodana, König	Vater von Prinz Siddharta Gautama, dem späteren Buddha
Siddharta, Prinz	Vorname des Buddha vor der Erleuchtung
Sinken	Fehler in der Meditation: man verliert das Meditationsobjekt aus dem Blick

Sinneskräfte	Seh-, Gehör-, Geruchs-, Geschmacks-, Tastsinn, geistige Sinneskraft
Sujata	Brachte dem Buddha eine Schale Milchreis dar
Sutrayana	Ursachenfahrzeug, Vollkommenheitsfahrzeug, orientiert sich an den grundlegenden Lehrreden des Buddha, im Gegensatz zum Tantra, das sich an den tantrischen Lehren des Buddha orientiert
Tantrayana	Tantrisches, resultierendes Fahrzeug, eine Praxis des Mahayana mit einem speziellen Übungsweg
Tara	Weiblicher Buddha, die Beschützerin, die Schnelle, die Befreierin, sie gilt als Mutter aller Buddhas
Taxila	Eine der ältesten (ca. 1000 v.Chr.) Universitäten der Welt, heute Ausgrabungen in Pakistan
Theravada	„Schule der Ältesten", beziehen sich nur auf den Pali-Kanon, s.Hinayana
tib.	tibetische Sprache

Tibetischer Buddhismus	Spezielle Form des tantrischen Mahayana-Buddhismus mit Elementen der vorangegangenen schamanistischen Bön-Religion
Tirthankara	Furtbereiter, auch Jina (Sieger) genannt, ein Lehrer der Jains, der die unfreiwilligen Geburten überwunden hat und Dharma lehrt
Tulku	Bewusste Wiedergeburt zum Wohl der Wesen
Udayana	König von Vatsa, einem nordindischen Königreich um 450 v.Chr.
Unermesslichkeiten	4 Arten: unermessliche/r/s Liebe (skr. maitri), Mitgefühl (skr. karuna), Freude (skr. mudita), Gleichmut (skr. upeksha)
Ursachenfahrzeug	s.Sutrayana
Ushniṣa	Scheitelerhöhung eines Buddha
Vaishakha	April/Mai im Hindu-Kalender, Geburtsmonat von Prinz Siddharta
Vaishali	damals Hauptstadt der Licchavis

Vajrasattva	Buddha, dessen Mantra und Praxis negatives Karma auch aus vergangenen Leben bereinigen kann
Vajrayana	s. Tantrayana
Varanasi	Nordindische Stadt am Ganges, den Hindus heilig
Vasubandhu	Vom Buddha prophezeiter Meister, der ca. 500 n. Chr. wichtige Schriften verfasste
Vatsyayana	indischer Philosoph, ca. 250 n.Chr., Verfasser des Kama Sutra
Veluvana	Hain, Garten des Königs Bimbisara
Vipassana	skr. analytische Meditation
Vishnu	Einer der 3 Hauptgötter des Hinduismus: „Erhalter"
Vollkommenheiten	s. Paramitas
Weltliche Dharmas	Lob/Tadel, Gewinn/Verlust, Freude/Leid, Ruhm/Schande
Wesen	sind mit einem Geist ausgestattet
Yama	Herr des Todes
Yamantaka	Tantrische Gottheit; Überwinder des Todes

Bonus: mein Lieblingstext

Auszugsweises Zitat aus: Nyānaponika: Im Lichte des Dhamma, Verlag Christiani, Konstanz, 1989

Der Verfasser schreibt: *„Womit sich jemand lange Zeit beschäftigt und nachdenkt – dahin neigt sich sein Herz."*

Er gibt dem Leser Texte zum Nachdenken mit auf den Weg. Mein Lieblingstext stammt aus den *„Betrachtungen zu den vier erhabenen Weilungen"*, die bei mir als „die Vier Unermesslichkeiten" im Kapitel 15 „Die beste Medizin - liebevolle Zuneigung" dargestellt wurden. Vorab eine Anmerkung: *„der Erhabene"* meint den Buddha.

Folgend das Zitat:

Liebe (mettā)

Liebe, die nicht besitzen will, weil sie weiß, daß es in Wirklichkeit keinen Besitz und keinen Besitzer gibt, das ist die höchste Liebe.

Liebe, die nicht „ich" sagt, weil sie das „Ich" als Täuschung weiß (anattā).

Liebe, die nicht sondert, wählt und ausschließt, wohl wissend, daß sie damit nur ihren Gegensatz erzeugt: Mißgunst, Abneigung, Widerwillen und Haß.

Liebe, die alle Wesen umfaßt: kleine und große, ferne und nahe, die Bewohner der Erde, des Wassers und der Luft.

Liebe, die alle Wesen umfaßt: die edel gesinnten und die niedrig gesinnten, die guten und die nicht-guten. Die Edlen und die Guten umfaßt sie, weil zu ihnen die Liebe zwangslos strömt. Die Niedriggesinnten und die Nicht-Guten umfaßt sie, weil sie der Liebe am meisten bedürfen. In vielen von ihnen mag der Keim des Guten verkümmert sein, weil ihm Wärme fehlte zu seinem Gedeihen, weil er in liebloser Umwelt erfror.

Liebe, die alle Wesen umfaßt, wohl wissend, daß sie alle unsere Weggefährten sind auf der Weltwanderschaft, Genossen unseres Leidens. Gemeinsames Erleiden ist ein starkes Band unter den Wesen.

Liebe – doch nicht jene verzehrende, brennende Glut der Sinne, die mehr Wunden zufügt als heilt; die jetzt aufflackert, im nächsten Augenblick verlischt und nur um so stärkere Kälte zurückläßt.

Liebe, die Kraft ist und Kraft gibt – das ist die höchste Liebe.

„Befreiung des Herzens" nannte der Erhabene die Liebe.